TOPP

Ursula Kühnemann

STOFFDRUCK

Stoffmalerei

gar nicht schwer

TOPP

VERLAG FRECH STUTTGART-BOTNANG

ISBN 3-7724-0048-5

5. Auflage 1976

Fotos: E. Krauss

Druck: Buch- und Offsetdruck Frech Stuttgart-Botnang

VORWORT

Alter Blaudruckstoff aus Deutschland

Der Sackstempel des Brunner-Bauer

Irgendwann, vor etlichen tausend Jahren, setzte sich ein Mensch, bekleidet mit einem Gewand aus gewebtem Stoff, auf einen niedrigen Busch mit blauschwarzen Beeren. Als er wieder aufstand, war sein Rock gepunktet. — Das war der erste Stoffdruck.

Wahrscheinlich waren es Frauen, die nach dem anfänglichen Ärger — o Schreck ein Fleck — aus solchen Zufallsprodukten auf die Idee kamen, aus Punkten und Strichen Muster zu entwickeln. War es doch Aufgabe der Frauen, zu spinnen, zu weben. Diese ältesten Industrien der Menschheit sind in den Mythen der alten Kulturvölker erhalten.

Das Bedrucken von Stoffen, entstanden aus dem Schmuckbedürfnis des Menschen, ist eine uralte Kunst, die aus dem Orient, genauer gesagt von der Insel Java zu uns gekommen ist. Funde aus einem Grab bei Arles in Südfrankreich belegen diese Fertigkeit in Europa für das sechste Jahrhundert.

Eine der vielen Möglichkeiten, Gewebtes zu verzieren, ist der Blaudruck. Diese Technik hielten die braven Bürger des Mittelalters für Hexerei, weil mit einer geheimnisvoll zusammengebrauten Ätzmasse mittels holzgeschnittener Modeln — das sind Drucktafeln — Muster auf Leinen gedruckt wurden, die erst nach dem Einfärben des Stoffes aus dem Blau hervortraten. An langen Winterabenden wurden die Druckstöcke aus ungefügen Holzkloben mühsam herausgeschnitzt.

Im 18. und 19. Jahrhundert versahen die Bauern ihre Korn- und Mehlsäcke mit Eigentumsstempeln. Sie übersetzten ihre Namen phantasievoll ins Bildhafte. So schnitt der Brunnen-Bauer einen zierlichen Brunnen in hartes Birnbaumholz und druckte ihn mit zwei, manchmal drei Farben auf seine Säcke. Dann bekam er sein Mehl vom Müller in seinen Säcken zurück. Heute sind die alten Sackstempel ein neues Jagdgebiet für Sammler.

Erst seit etwa hundertfünfzig Jahren gibt es Stoffdruckmaschinen. Bis dahin wurde ausschließlich mit pflanzlichen und tierischen Farbstoffen handgefärbt, deren Herstellung und Anwendung überaus kompliziert waren. Gedruckt wurde mit Holz- oder Metallformen, die nach Vorlagen berühmter Ornamentstecher gearbeitet waren. Der Druckvorgang war ganz ähnlich wie es in diesem Buch beschrieben wird.

Die Stoffmalerei, älter noch als der Stoffdruck, wurde vor ein paar Jahrzehnten von kunstbeflissenen Damen so in Verruf gebracht, daß sie auch jetzt noch von dem Makel des Kitsches nicht ganz frei ist. Fette Möpse und röhrende Hirsche, naturgetreu auf Samt dargestellt, Stickerei vortäuschend, zierten schwellende Sofakissen. Es soll wahrhaftig auch heute noch solche Hausgreuel geben.
Wenn wir uns dem Stoffdruck und der Stoffmalerei als Hobby zuwenden, betreten wir also absolut kein Neuland, sondern greifen nur wieder auf, was im Zuge der Technisierung etwas in Vergessenheit geraten war.
Stoffdruck und Stoffmalerei, befreit von überholten Formen und Mustern, sind wieder modern geworden; inspiriert von den besten Vorbildern des Kunsthandwerks, unterstützt durch lichtechte, waschsichere, kochfeste und wetterbeständige Druck- oder Malfarben. In Amerika haben pfiffige Textilfabrikanten neuartige Stoffe auf den Markt gebracht, auf denen florale oder ornamentale Muster in Strichzeichnungen vorgedruckt sind, die mit beigelieferten Farbstiften nach eigenem Geschmack bunt ausgemalt werden sollen — und fertig sind „einmalige" Modelle.
In Boutiques, Kunstgewerbeläden, an Touristenorten und in Luxusbädern werden in farbenprächtiger Vielfalt zu horrenden Preisen handgemalte, handgedruckte Sets, Wandbehänge, Tücher, Schals, Blusen, Röcke, Kleider angeboten. Frankreichs große Künstler bemalen in edlem Wettstreit Kopftücher, ohne sich über derart „profane" Ansinnen erhaben zu fühlen.
Wir befinden uns folglich in bester Gesellschaft, wenn wir Stoffe selbst dekorieren. Auch wenn der Druck nicht hundertprozentig sauber gelungen ist, auch wenn nicht jeder gemalte Strich „sitzt" — der Wert des Selbstgearbeiteten, der Stolz auf das Eigenschöpferische ist nicht zu übertreffen.
Sagt mir jemand: „Das kann ich nicht!", so antworte ich stets: „Das stimmt! Man kann auch nicht, was man nicht gelernt hat. Hat man es erst geübt, kann man es auch!"
Es ist nämlich wirklich nicht schwer! Es erfordert nur, wie alles und jedes, ein bißchen Beschäftigung mit der Materie, ein wenig praktische Übung. Gibt man Kindern einen Farbstift in die Hand, malen sie munter

drauflos. Erwachsene drehen den Stift in den Fingern, starren auf das weiße Papier, zögern und gestehen seufzend, daß ihnen nichts einfällt und daß sie nicht imstande wären, auch nur das einfachste Motiv zu zeichnen.

Ich habe lange überlegt, ob ich meine Entwürfe zum Durchpausen anbieten oder zu eigenen Motiven zwingen soll. Eine Lehrerin entgegnete auf meine Zweifel: „Man soll anregen, aber nicht vorzeichnen!" Das trifft auf Kinder zu und auf talentierte Erwachsene. Ich bin sehr dagegen, daß man diese abpausen läßt. Doch ich meine, daß man Erwachsenen, deren Phantasie seit Kindheitstagen verschüttet ist, Hilfestellung geben darf. Keineswegs diktiere ich: Abpausen! Als Motto über sämtliche Entwürfe stelle ich: Alle meine Entwürfe sind zum Nachahmen — aber mehr noch als Anregung gedacht. Je mehr sie eigenschöpferisch abgewandelt werden umso besser. Natürlich nicht für jene, die sie gewerbsmäßig auszunutzen gedenken!

Ich testete meine Freundinnen. Eine sagte: „Ich kann nicht gut zeichnen. Ich übernehme die Entwürfe. Vielleicht ändere ich sie ein wenig, außerdem werde ich mit anderen Farben drucken — und dann ist es doch meine Arbeit!"

Das ist genau das, was ich möchte!

Ist die Phantasie geweckt, wird sie sich weiter entfalten, und damit wächst auch der Mut zu Eigenem und damit wächst auch das Vergnügen an diesem reizvollen Hobby, das außer dem Spaß am Tun und dem Bedürfnis, die Freizeit sinnvoll zu gestalten, so praktische, bleibende Ergebnisse hervorbringt.

Was kann man nicht alles bedrucken oder bemalen!

Wie hübsche persönliche Geschenke kann man damit machen!

Wie sehr kann man seinen eigenen vier Wänden eine individuelle Note geben!

Wie modisch oder wie originell kann man seiner Kleidung den gewissen Pfiff verleihen!

Es gehört nicht viel Können dazu — nur der Mut anzufangen.

Ursula Kühnemann

Allgemeines über Stoffdruck und Stoffmalerei

Ganz gleich, welche der folgenden Techniken man auch wählt — einiges braucht man immer:

Einen geräumigen Arbeitsplatz

— um sich ungehemmt ausbreiten zu können. Das kann der Küchentisch sein, oder der Eßzimmertisch oder der Schreibtisch — Hauptsache reichlich Platz und gutes Licht ist vorhanden.

Genügend Zeit

— um in aller Ruhe und Überlegung werkeln zu können. „Mal eben schnell" wird bestimmt nichts draus. Man bekommt nur Ärger mit hastig Gepfuschtem und verliert die Lust zu Weiterem. Je sorgfältiger man an die Sache herangeht, je bedachtsamer man nach dem Drucken oder Malen alle Utensilien reinigt, desto weniger Aufregung und Arbeit gibt es später.

Einen Haufen alte Zeitungen

— um Tisch und Stuhl und Teppich vor unerwünschten Farbtupfern zu bewahren. Stoffarbe, sobald sie angetrocknet ist, läßt sich aus Textilien kaum, von anderem Material nur schwer entfernen. Auch wenn man sich noch so sehr vorsieht, irgendwo hinterläßt man ganz sicher ärgerliche Spuren. Warum also nicht gleich alles mit alten Zeitungen schützen?

Eine alte Schürze oder Kittel

— um sich, siehe oben, vor vorwitzigen Farbspritzern zu bewahren. Alle Maler tragen farbverschmierte, ehemals weiße Kittel — so stellt sich der Laie den „echten" Künstler jedenfalls vor. Also! Ist aber doch ein Malheur passiert, sofort mit Benzinoform (Testbenzin oder Tetrachlorkohlenstoff) oder, bei Druckfarbe, mit Terpentinersatz ausreiben.

Das richtige Arbeitsgerät

— um das, was man erreichen möchte, so handwerklich sauber wie möglich zu schaffen. Mit einem stumpfen Messer kann man keine Kartoffeln schälen, man kann vielleicht, fragt sich nur wie. Will man mehr als ein paar Linoldrucke machen, lohnt es sich vielleicht, wenn man sich anstelle der auswechselbaren Linolmesser feststehende Schneidmesser leistet.

Den passenden Stoff

— um keine Enttäuschungen zu erleben. Grundsätzlich eignen sich alle Stoffe mit einer saugfähigen Oberfläche. Hat der Stoff eine Appretur, außer Gminder Halbleinen haben es fast alle, muß man ihn vor dem Bedrucken oder Bemalen in einer Feinwaschmittellösung auswaschen, gut spülen, trocknen lassen und bügeln. Unterläßt man es, besteht die Gefahr, daß sich die Appretur nach der ersten Wäsche löst und die aufgetragenen Farben mitnimmt.
Bereits bedruckte Stoffe oder Stoffe mit ausgeprägtem Webmuster eignen sich nicht, ebensowenig allzu grobnoppige oder durchbrochene Gewebe oder Mohair, Angora, Plüsch. Karierte oder gestreifte Stoffe, bedruckt oder bemalt, können sehr reizvolle Effekte ergeben.

Die entsprechenden Stoffarben

— um die bestmögliche Wirkung zu erzielen. Mit Druckfarbe kann man nicht malen, mit Malfarbe nicht linoldrucken. Man kann jede Farbart untereinander mischen, um besondere Tönungen zu erreichen, aber man kann nicht Druckfarbe mit Malfarbe verbinden. Auch Aufheller oder Verdünner sind nur für die angegebenen Farben entwickelt. Sie sind geschaffen, weil Stoffmalfarben mit Wasser verdünnt verlaufen würden und Schatten im Gewebe hinterlassen.

Genaueres über Stoffdruck und Stoffmalerei

Wieder ist es gleich, welche der folgenden Techniken man wählt — einiges muß man immer beachten:

Die Entwürfe sollen nicht zu kompliziert sein

Mit einfachen geometrischen Figuren, wie Quadrat, Dreieck, Kreis, lassen sich durch Vervielfältigung immer neue, überraschend dekorative Muster schaffen. Rapporte, das heißt die gleichmäßige Wiederkehr eines Musters auf großer Fläche, sollte man nicht drucken, es sieht leicht nach gekaufter Meterware aus. Man sollte auch nicht „Bilder" auf Stoff malen wollen, perspektivisch angelegte Landschaften eignen sich nicht. Hingegen läßt sich selbst das heimatliche Schloß oder das eigene Haus flächig darstellen.

Jeden Entwurf sollte man vorzeichnen

Frisch drauflos in das Linol geschnitten oder unbekümmert den Pinsel geschwungen zeugt von Mut und kann interessante Wirkungen ergeben. Harmonischer aber wird eine mit Sorgfalt ausgeführte Arbeit sein, ohne leere Ecken oder verschieden breite Ränder. Selbst ein Picasso macht Skizzen.

Jeden Stoff sollte man vor dem Farbauftrag „einrichten"

Das heißt genau markieren, wo man was hindrucken oder malen möchte. Man kann mit Schneiderkreide markieren, oder mit Reihfäden, oder durch Fädenausziehen, oder mit Stecknadeln oder durch Einbügeln, was man mit einem Zentimetermaß bemessen hat. Das macht Mühe, aber das gelungene Resultat entschädigt für den Zeitaufwand. Bei schwierigen Druck- oder Malvorhaben spannt man den Stoff mit Reißnägeln auf eine mit Zeitungspapier dick belegte Holzplatte.

Druck- oder Malfarbe nicht zu dick auftragen

Zu starkes Einfärben eines Stempels oder Druckstokkes hat den Nachteil, daß die Farbe über die Ränder quillt und die Konturen verwischt. Zu kräftiger Farbauftrag bei der Malerei hat den Nachteil, daß sich über das Gewollte hinaus Farbe in das Gewebe zieht. Überschmiertes kann man nicht entfernen. Auch mit Terpentinersatz oder Testbenzin würde man ein Zuviel zu schmuddeligen Stellen verreiben.

Druckfarbe nicht zu dünn aufwalzen

Das Motiv druckt dann nicht gleichmäßig ab, es ergeben sich faserige Ränder und blinde Ecken. Ist es aber passiert, kann man mit einem Pinsel nachhelfen und, wo nötig, Ränder retuschieren. Nie einen Druckstock zweimal auf dieselbe Stelle setzen!
Die Druckfarbe verdünnt man dann mit etwas Terpentin oder Testbenzin. Für die Malfarbe nimmt man etwas Verdünner oder ein Tröpfchen Wasser. Nach jedem Druckvorgang muß der Stempel oder Druckstock neu eingefärbt werden. Mit alten Leinenlappen oder Papiertüchern entfernt man vorsichtig jedes Zuviel. Auch mit den Schnitzmessern kann man nach dem Einwalzen mit Farbe das Zuviel beseitigen.

Ein Probedruck muß sein

Ob Kartoffel-, Kork- oder Linoldruck, den fertigen Druckstock mit der ersten Einfärbung auf saugfähiges Papier (Zeitungspapier eignet sich gut) oder Stoffreste setzen. Manches läßt sich dann noch korrigieren. Außerdem druckt der erste Farbauftrag noch nicht gleichmäßig. Übrigens: Je stärker der Stempel beschwert wird, desto tiefer dringt die Farbe in das Gewebe ein.

Farbverteilung vorher überlegen

Hier ein Rot und da ein Gelb und dort ein Blau und dann weiß man nicht mehr weiter und der schöne Entwurf ist verpfuscht. Wer nicht sicher ist, koloriert den Entwurf.

Jede Farbe antrocknen lassen, bevor die nächste aufgetragen wird

Die Farben können ineinanderlaufen oder verschmieren. Beim Drucken ist es nicht unbedingt nötig, für jede Farbe einen neuen Stempel zu schneiden, man muß den Stempel nur vor jeder neuen Farbgebung gründlich reinigen. Kartoffel- und Korkstempel mit Wasser, Linolstempel mit Terpentinersatz oder Testbenzin. Gut trocknen lassen, bevor man mit einer anderen Farbe beginnt.

Nach der Arbeit alles Benutzte gut reinigen

Es macht Mühe und es ist nicht produktiv, aber es erleichtert den nächsten Anfang. Eingetrocknete Druckfarben auf Stempeln, Walzen, Glasplatte lassen sich nur unter gehörigem Kraftaufwand und Zeitverlust beseitigen. Noch feuchte Farbe läßt sich mühelos entfernen.

Die dickflüssige Farbe für Linoldrucke nimmt man mit einem Messer von Walzen und Glasplatte ab — Reste bleiben immer — und streicht das Messer am inneren Rand einer leeren Schachtel ab. Verwenden kann man die Farbe sowieso nicht wieder. In der Schachtel, die man fest schließt und mit einem Gummiband sichert, richtet sie im Mülleimer keinen Schaden an.

Sind die Walzen und ist die Glasplatte bis auf geringe Farbreste abgekratzt, reinigt man mit einem terpentinersatzgetränkten Lappen so lange nach, bis alle Farbspuren verschwunden sind. Der Linolstempel wird ebenfalls gereinigt. Die schmutzigen Lappen wickelt man fest in Zeitungspapier und wirft sie fort.

Alle bedruckten oder bemalten Stoffe müssen trocknen

Möglichst freihängend auf einer Leine. Nach sechs bis acht Tagen sollen sie gebügelt werden — damit werden sie fixiert, das heißt reib- und waschfest gemacht. Die Stoffe werden auf der linken Seite fünf Minuten mit kreisenden Bewegungen gleichmäßig gebügelt, das erste Mal mit weißem Seidenpapier. Bleibt keine Farbe mehr an dem Papier haften, kann man weiterbügeln, so heiß, wie es der Stoff vertragen kann. Bei Leinen werden Automatik-Bügeleisen auf „Baumwolle" eingestellt, bei Seide und Kunststoffen entsprechend. Erst nach dem Bügeln ist die Farbechtheit garantiert. **Ohne Bügeln geht es nicht!**

Bis zur ersten Wäsche

sollen vier bis sechs Wochen vergehen. Dann kann man unbesorgt mit Feinwaschmitteln waschen, sollte aber das bedruckte oder bemalte Stück bei der ersten Wäsche noch nicht mit anderen in die Waschmaschine stecken, sondern einzeln waschen. Lösen sich keine Farbpartikel, kann man es später ohne Gefahr tun.

In die Chemische Reinigung sollte man bedruckte oder bemalte Stoffe nicht geben, das vertragen sie nicht.

Die hier gezeigten Techniken:

Kartoffeldruck	**für Anfänger**
Linoldruck	**für Fortgeschrittene**
Schablonieren	**für Eilige**
Reliefmalerei	**für Anspruchsvolle**
Stoffmalerei	**für Pinselfreudige**

Kartoffeldruck für Anfänger

Das können schon Kinder

Aus einer großen, festen, sauberen Kartoffel mit einem scharfen Küchen- oder Taschenmesser mit glatten Schnitten einen dreieckigen Stempel schneiden. Ohne vorzuzeichnen ein einfaches Muster hineinschneiden, dünne Stege vermeiden, sie würden abbrechen. Druckflächen etwa einen halben Zentimeter hoch stehen lassen. Ist die Stempeloberfläche abgenutzt, mit einem glatten Schnitt ein wenig abschneiden. Den Stempel vor dem Einfärben ein paarmal fest auf ein Papiertaschentuch drücken, so wird überflüssige Feuchtigkeit abgesaugt. Den Stempel mit einem Pinsel mit Permanentfarbe bestreichen. Probedruck nicht vergessen. Nach jedem Druck neu einfärben. Trägt man die Farbe mit dem Pinsel auf, kann man zwei- und mehrfarbig zugleich einfärben, das ergibt, aneinandergereiht, besonders hübsche Muster.

Auf einen ausgedienten Marmeladenglasdeckel oder auf eine alte Untertasse ein Stück Filz oder doppelt gelegten dicken Wollstoff legen, etwas Malfarbe auftröpfeln und einziehen lassen. Kartoffelstempel auf dieses „Stempelkissen" pressen und drucken. Bei grobem Stoff reichlich Farbe auftragen.

Dunkle Farben auf helle Stoffe drucken. Helle Farben sinken in dunkle Stoffe ein und heben sich nicht ab.

Farbrückstände an den Druckrändern von Zeit zu Zeit mit dem Messer abstreichen.

Stempel genau senkrecht ansetzen und gleichmäßig andrücken. Muster mit Stecknadeln markieren. Wird der Stempel weich, neu schneiden. Dabei nach dem Probedruck richten. Soll das Drukken für kurze Zeit unterbrochen werden, den Stempel in Wasser legen, dann bleibt er frisch. Am nächsten Tag ist er nicht wieder zu verwenden. Schwierige Muster (Hirsch) aus Papier schneiden, auf eine halbierte Kartoffel legen, mit dem Messer nachschneiden und Papier abnehmen.
Außer mit Kartoffeln kann man mit Korken, Flaschen, scharfgerillten Holzstücken, Radiergummi, alten Knöpfen drucken.

Linoldruck für Fortgeschrittene

Aber für Laien leicht zu lernen

Man braucht für den Linoldruck: Bleistift, Papier, Kohlepapier, Klebestreifen, 3 bis 4 mm starkes Linoleum (gemustertes Linoleum mit Plakatfarbe überstreichen), Linolschneidegriff mit auswechselbaren Messern: Schnitzfeder, kleinen und großen V-förmigen Geißfuß, kleines und großes U-förmiges Hohlmesser, Küchen- oder Taschenmesser, Gummiwalze, Glasplatte (aus altem Bilderrahmen), Druckfarbe, Terpentinersatz, Terpentin (zum Verdünnen) und Lappen.
Den Entwurf auf Papier zeichnen. Wer nicht sicher in der Verteilung von Fläche und Linie ist, zeichnet das Motiv voll aus, füllt mit Farbe aus, was stehenbleiben soll. Mit Kohlepapier den fertigen Entwurf mit Klebestreifen auf das Linoleum befestigen und durchpausen. Flächen, die ausgehoben werden sollen, mit einem Kreuz kennzeichnen. Daran denken, daß der Druck als Spiegelbild erscheint. Das Linoleum soll nur wenig größer sein als das Motiv.

Bevor man zu schneiden beginnt, das Linoleum etwas erwärmen, es schneidet sich leichter. Mit den Messern immer vom Körper weg arbeiten. Den Druck aus der Hand regulieren, mit der das Linoleum gehalten wird. Den Messergriff wie ein gewöhnliches Messer halten. Konturen mit der Schnitzfeder, kleine Flächen mit dem Geißfuß, wie auch Linien, größere Flächen mit Hohleisen schneiden. Linien und Flächen ausgeschnitten, ergibt einen Negativ-Druck. Linien und Flächen bleiben erhaben stehen, ergibt einen Positiv-Druck.

Den fertigen Linolschnitt mit Seife reinigen und trocknen lassen, das entfernt die Fettschicht des Linoleums. Einen größeren Druckstock mit Sperrholz unterkleben, das erhöht die Stabilität. Auf der Glasplatte Druckfarbe mit der Walze auswalzen. Nicht zuviel Farbe auf einmal, sie trocknet schnell an. Notfalls mit ein paar Tropfen Terpentin verdünnen. Die Farbe soll pastenartig bleiben, sonst verschmiert der Druckstock.

Die gut eingefärbte Gummiwalze über den Druckstock rollen, bis alle erhabenen Teile mit Farbe bedeckt sind. Überflüssige Farbe mit einem Schneidmesser entfernen. Probedruck ergibt, ob Unwillkommenes erscheint. Das kann von besonderem Reiz sein.

Mit Pinseln kann man einen Druckstock in verschiedenen Farben einfärben und in einem Arbeitsgang ein mehrfarbiges Bild produzieren. Konturendrucke, das heißt dünne Umrandungslinien der Bildelemente, können nach dem Trocknen mit jeder anderen Stoffarbe bunt ausgemalt werden.

Je stärker der Druck, desto besser dringt die Farbe in das Gewebe ein. Kleine Linolstempel ohne Zögern und Zaudern auf den Stoff legen und mit einer Teigrolle über den Stempelrücken fahren. Am besten druckt es sich aber mit — den Füßen. Auf dem Fußboden eine dicke Lage Zeitungspapier ausbreiten, darauf den Stoff legen. Leichten Stoff mit Stecknadeln spannen. Druckstock aufsetzen und sich ohne Schuhe darauf stellen. Hin und her treten, um alle Ecken zu belasten.

Mit der einen Hand den Stoff festhalten, mit der anderen den Stempel lösen und schnell abheben. Das Gedruckte, wenn nötig, mit dem Pinsel retuschieren und zum Trocknen auf die Leine hängen.
Möchte man mehrere Farben drucken, mit der hellsten Farbe beginnen. Sollen die Farben ineinandergreifen, muß jede trocknen, bevor die nächste aufgetragen wird. Den Stempel von Zeit zu Zeit mit Terpentinersatz säubern und zugeschmierte Linien eventuell nachschneiden.

Das gut getrocknete Bedruckte nach einigen Tagen so heiß wie es der Stoff erlaubt fünf Minuten bügeln. Stoff nicht vor vier bis sechs Wochen waschen. Der gründlich gereinigte Linolstempel kann aufgehoben und nach Jahren wieder verwendet werden. Zum Drucken braucht man Zeit und Ruhe. Um nur ein kleines Stück Stoff zu bedrucken, lohnt der Aufwand nicht, darum gleich mehrere Sachen vorbereiten.
Will man die Farben mischen, geht das am besten mit einem Messer auf der Glasplatte.

Schablonieren - für Eilige

Doch auch etwas für Bedachtsame

Den Entwurf mit Kohlepapier auf das Schablonenpapier übertragen. Als Schablonen eignen sich Postkarten oder Zeichenkarton, mit farblosem Lack überzogen, ferner Lampenschirmpapier, Ölkarton, wasserfestes Packpapier. Will man eine Schablone vielfach gebrauchen, lohnt es sich, sie aus leichter Metallfolie zu schneiden. Mehrfarbig kann man mit einer Schablone arbeiten, wenn die Stege breit genug sind. Sollen die Farben sich berühren, muß man für jede Farbe eine Schablone schneiden. Geschnitten wird mit einer spitzen Schere oder mit einem Papiermesser. Der Rand soll mindestens fünf Zentimeter breit sein.

Die Schablone mit Klebestreifen oder Stecknadeln auf dem Stoff befestigen. Stoffarbe oder Permanentfarbe auf einen Dosendeckel geben. Mit einem dicken Borstenpinsel etwas Farbe aufnehmen, zuviel abstreichen. Den Pinsel senkrecht halten und auf die ausgeschnittenen Teile der Schablone tupfen. Ränder fest mit der Hand andrücken und sorgfältig betupfen, damit sie klar hervortreten. Wenn die Farbe trocken ist und nicht deckt, Schablone nochmals auflegen und nachtupfen. Schablone darf nicht verrutschen. Die Farbe soll nicht verdünnt werden, es könnte Farbe unter die Ränder in den Stoff dringen. Die Spritztechnik ist eine zweite Art des Schablonierens. Man braucht dazu

ein Spritzsieb (in Fachgeschäften erhältlich) und eine alte Zahnbürste. Die Bürste in Stoffmalfarbe tauchen und kreisend über das Sieb streichen, das man in fünf bis zehn Zentimeter Abstand über den Stoff hält. Man kann auch verdünnte Farbe in einen Zerstäuber füllen und über den Stoff sprühen. Alles, was keine Farbspritzer abbekommen soll, gut abdecken. Zum Überspritzen eignen sich zum Beispiel die Teile, die aus der ersten Schablone ausgeschnitten sind. Mit Stecknadeln gut befestigen und erst nach dem Trocknen abheben.
Je höher man das Spritzsieb hält, desto heller wird die Farbe. Zum Überspritzen eignen sich feine Scherenschnitte, Faltschnitte, Blätter, gepreßte Blüten und dergleichen. Man kann auch eine Farbe über die andere spritzen, die Motive sich überschneiden lassen. Nach der Arbeit alle Geräte mit Wasser reinigen.

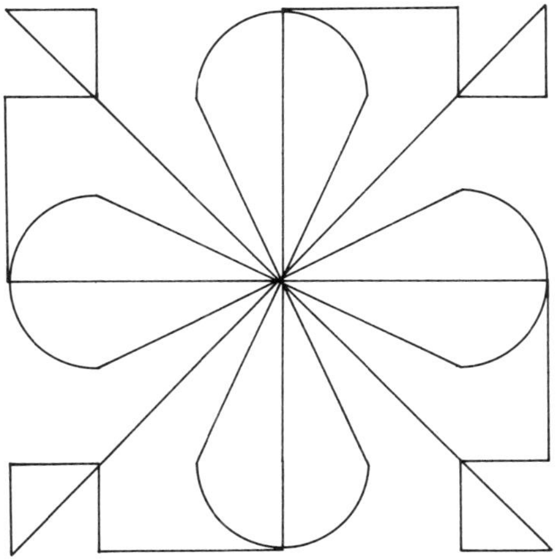

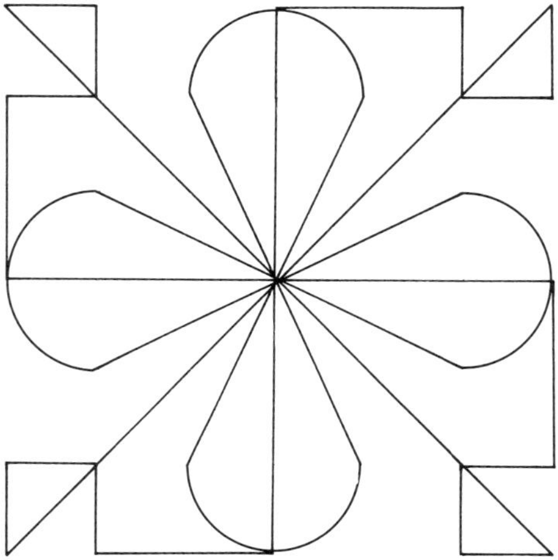

Reliefmalerei - für Anspruchsvolle

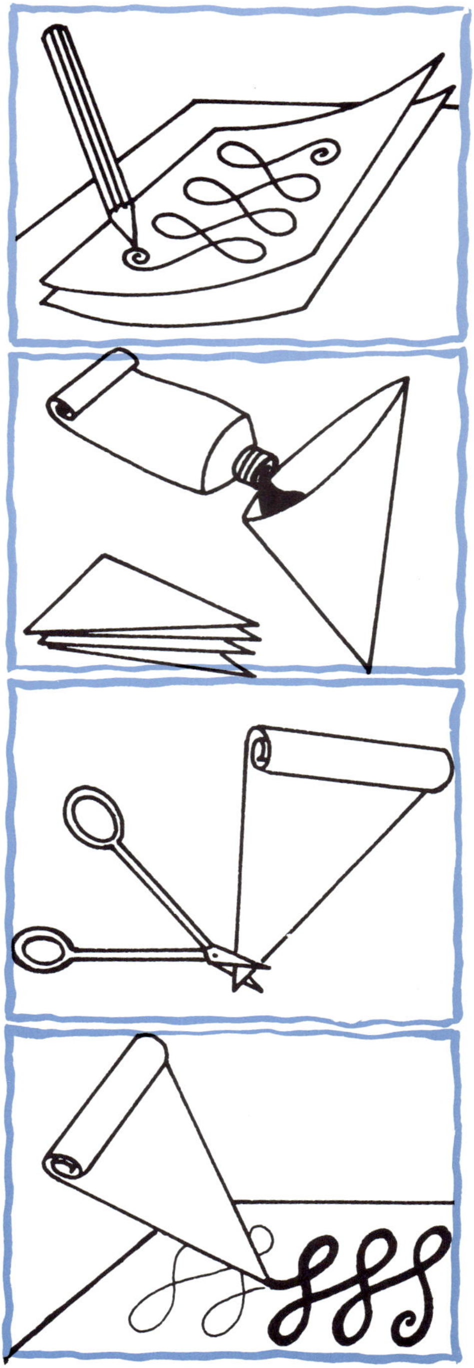

Nicht alles, was wie gestickt wirkt, ist mit Nadel und Faden entstanden, das zeigen schon die Flockprint-Stoffe. Die üppigen Stickereien und auf den Bühnenkostümen großer Stars sind meistens der Tüte entflossen. Das gewünschte Motiv kann man mit Stoffpauspapier (gibt es in mehreren Farben in Fachgeschäften, hell für dunkle, dunkel für helle Stoffe) auf den Stoff übertragen, bei der ersten Wäsche verschwinden sichtbare Linien. Man kann auch direkt auf den Stoff zeichnen.

Relieffarben und die dazugehörigen Tüten gibt es in Fach- oder Bastelgeschäften. Die Tüte halb bis dreiviertel voll füllen und mit Kniffen fest schließen. Die untere Spitze abschneiden. Je weniger man von der Spitze abschneidet, desto feiner wird der Strich. Je größer die Düse ist, desto mehr Farbe fließt aus. Bei mehrfarbigen Motiven braucht man für jede Farbe eine Tüte. Mit sanftem Fingerdruck die vorgezeichneten Linien nachmalen, nur überschneiden, wo die untere Farbe bereits angetrocknet ist, damit die Farben nicht verlaufen.

Die Reliefmalerei bietet sehr viele Möglichkeiten: man kann Monogramme malen, Stoffmalerei umranden, Lochkanten einfassen. Will man ein Abendkleid verzieren, kann man auf die noch feuchte Farbe Brillantstaub, Glasdiamantine, Glasschmelz, Metallflitter, Stahlbrokat oder Tuchstaub in verschiedenen Farbtönen streuen.

Stoffmalerei - für Pinselfreudige

Eine Technik für verhinderte Maler

Eigentlich sind zu dieser Technik keine besonderen Anleitungen nötig. Alles Grundsätzliche wurde bereits gesagt.
Ungeübte zeichnen einen Entwurf und übertragen ihn mit Stoffpauspapier. Geübte skizzieren mit Bleistiftstrichen auf dem Stoff, Erfahrene nehmen einen in Farbe getauchten Pinsel und malen sofort los.
Wichtig ist, daß der Stoff gespannt ist. Am besten bedeckt man eine Holzplatte mit mehreren Lagen Zeitungspapier und pinnt den Stoff mit Reißzwecken darüber.
Kann man kein Stoffpauspapier auftreiben, bedeckt man die Rückseite des Entwurfes mit weißer, roter oder blauer Schneiderkreide.
Gemalt wird mit Stoffarbe, Permanentfarbe oder mit Stoffmalstiften. Man braucht Haarpinsel in verschiedenen Stärken. Man kann durch Übermalen der trockenen Farbe Flächen mustern.
Man kann mit Stoffmal- oder Permanentfarben Konturen malen und mit Farbstiften ausmalen. Der Experimentierfreude sind kaum Grenzen gesetzt und — Übung macht den Meister.
Unerwünschte Flecke, solange sie frisch sind, mit Testbenzin oder Fleckenwasser ausreiben. Meistens aber gibt es nur Schmierstellen. Hat es ein Malheur gegeben — Blümchen drübermalen.
Hübsch sieht es aus, wenn man karierte Stoffe mustergerecht „veredelt" oder in Streifen Bordüren mit Punkten oder Strichen malt.
Nicht zu feine Linien oder naturgetreue Blumen malen wollen, womöglich mit Schattierungen! Klare Motive mit klaren Farben wirken immer am schönsten.
Will man dunklen Stoff mit Permanentfarbe bemalen, an einem Flicken die Farbwirkungen ausprobieren.
Stets so arbeiten, daß man mit der pinselhaltenden Hand nichts verwischt.

Hier verschiedene Maße für Sets, weil man das nie genau weiß.

Welche Frau träumte nicht davon, ein wirklich einmaliges Modell zu besitzen? Unerschwinglich? Aber nein — selbstgedruckt ist es einmalig und unerschwinglich dazu — für andere.
Alle Muster auf diesen gezeichneten Modellen sind im Buch zu finden:
Der beinahe wie ein Norwegermuster wirkende Druck auf der bequem weiten Hausanzug- oder Strandbluse,
die Korkstempelblumen auf der alten (oder neuen) Leinenhose,
die Fische samt Steuerrad auf dem troddelverzierten Strandblüschen,
die linolgedruckten Hühnchen, kartoffelgestempelten Blumen und knebelgedruckten Punkte auf dem Sommerrock,
die ausdrucksvolle Bordüre, schwarz auf weißem Bolero aus schwerer Seide und Kleidoberteil (zu schwarzem Rock) und das passende Abendtäschchen dazu,
das Cocktailkleid aus Naturseide mit dem Positiv-Negativ-Druckstock geschmückt (genau passend — ausprobiert),
das Sommerkleid mit eingesetztem, mit Ornamenten bedrucktem Streifen
und das karierte Ferienkleid mit den aufschablonierten Tulpen.

Wie schnell läßt sich ein einfaches Kleid, auch ein gekauftes, in ein durch Handarbeit kostbares Stück verwandeln. Wie rasch kann man nur mit Kartoffeldrucken ein uraltes Kleid, eine Bluse, einen Anorak, auffrischen.
Ein bißchen Phantasie, ein wenig Mut, die passenden Farben und ein paar Stunden Zeit — mehr braucht man nicht.

Ein zünftiger Indianeranzug ist d a s Geschenk für einen winnetoubegeisterten Jungen. Man kann die Motive direkt mit einem dicken Pinsel auf den zugeschnittenen oder auch fertigen Anzug malen oder auf Stoffstreifen, die man dann aufnäht.
Ein Junge, der ein von Mutti genähtes und bemaltes (oder von Vati bemaltes) Indianerzelt zu Weihnachten bekommt, wird die ganzen Festtage darin verbringen wollen.

Manchmal wird man „wohnungsmüde“. Dieses gefällt einem nicht mehr in den eigenen vier Wänden und jenes hat man sich gründlich übergesehen. Man mag zum Beispiel die unifarbenen Vorhänge nicht mehr. Neue kaufen? Warum? Man kan sie doch bedrucken oder bemalen. Mit einem Mäanderband oder mit irgendeinem anderen Motiv aus diesem Buch. Dazu passend neue Kissen für die Couch.
Lampenschirme kann man leicht selbst beziehen - mit selbstbedrucktem Stoff. Hängt die Lampe über dem Eßtisch, gleich eine Decke mit dem gleichen Muster dazu bedrucken. Sitz- und Rükkenkissen der Eckbank nicht zu vergessen.

Und wie sieht es im Kinderzimmer aus? Auch da könnte man allerlei Farbe zu lustigen Mustern verbrauchen.
Wo kann man einen Sessel mit passendem Zeitungsständer kaufen? Nirgendwo. Das kann man nur selbst machen, indem man auf dickes, aber nicht zu grobkörniges Leinen Ornamente druckt und Sessel und Zeitungsständer überzieht. Wäre das nicht ein großartiges Geschenk für einen Mann?
Braucht die Küche vielleicht ein neues Gesicht? Eine Decke für den Tisch, ein Vorhang für den Handtuchhalter, für Borde oder Fenster, Paradetopflappen — überall Platz für Selbstbedrucktes. Im Badezimmer könnten sich Fische auf Vorhängen und Wäschebeutel tummeln. Auf der Diele, der Visitenkarte der Wohnung, könnte die Lampe einen neuen Schirm gebrauchen, der Schirmständer zum Blickfang werden durch einen selbstbedruckten Überzug.
Die Liegestühle für Balkon oder Terrasse werden verjüngt durch einen neuen Holzanstrich und durch bedruckte, einfarbige neue Bespannungen. Der ungemusterte Sonnenschirm bekommt auch ein paar Motive aufgedruckt oder er wird lustig bemalt. Nun fehlt nur noch eine Tischdecke mit den gleichen Motiven für den Gartentisch.
Dieses sollen nur Anregungen sein — die ganze Wohnung mit Stoffdrucken oder Stoffmalereien zu schmücken, würde eines Tages zu einem Alptraum werden.

Wie stolz ist ein kleines Mädchen oder ein kleiner Junge, wenn Mutti ihm ein Kleidchen oder einen Spielkittel selbst bemalt. Das Marienkäferkleid (schwarz auf rot gemalt), wird eine Zwei- oder Dreijährige gar nicht wieder ausziehen wollen.

Selbstbemalte oder -schablonierte Lätzchen sind im Handumdrehen fertig.

10

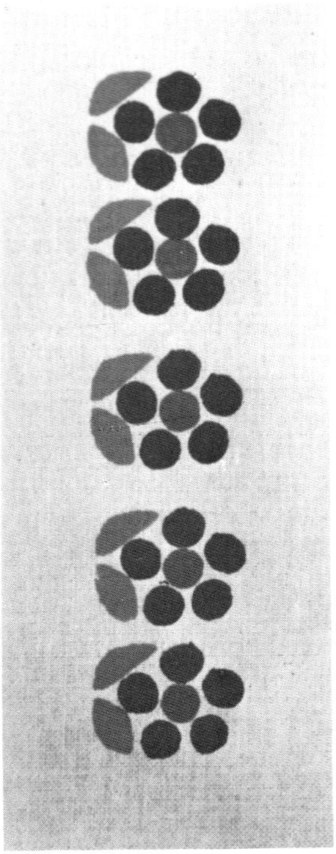

Zu 1+2* Der einfachste Kartoffeldruck: Ein viereckiger Stempel, von der Mitte des Sets zu den Ecken gedruckt, mit Paketknebelpunkten verziert. Der Paketknebel wird noch häufig verwendet.

Zu 3+4* Auch Dreiecke, verschieden eingefärbt, aneinandergesetzt, ergeben ein hübsches Muster.

Zu 6+7+8* Vierecke, geometrisch unterteilt, mit einem Pinsel zweifarbig eingefärbt, aneinandergereiht, werden zu interessanten Mustern.

Zu 9 Zwei Stempel, eine stilisierte Blüte mit Stengel und Blättern.

Zu 10 Ein niedliches Blümchen, mit einem Apfelkernausstecher aus der Kartoffel geschnitten. Damit kann man Kinderkleidchen, Schürzen, Serviettentaschen, Sets — kurz, alles mögliche bedrucken.

Zu 11a+b Noch zwei Kartoffelstempel, vielseitig verwendbar. Die Hirsche sind erst aus Papier doppelt geschnitten, auf halbierte Kartoffeln gelegt und mit einem Messer nachgeschnitten.

Zu 12 Eine Decke für einen Couch- oder Eßtisch. Mehrere verschiedene Kartoffelstempel sind bunt eingefärbt zu Streifen gedruckt.

11 a+b

* siehe farbiges Bildblatt Seite 33

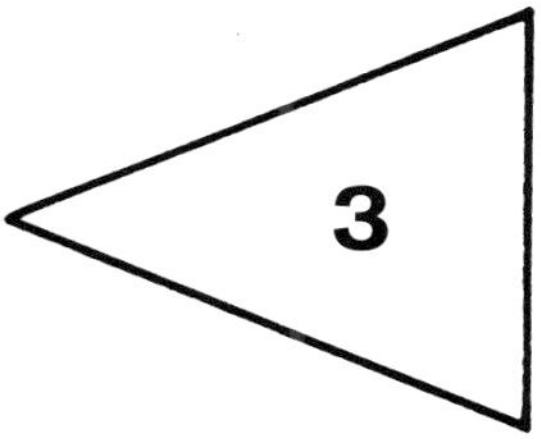

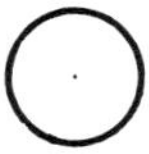

10

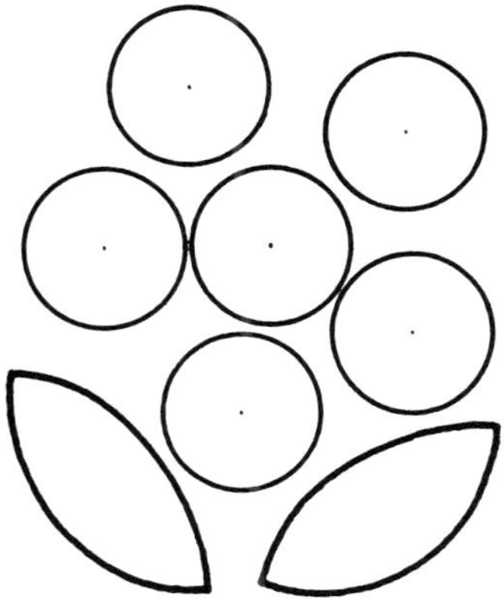

6

8

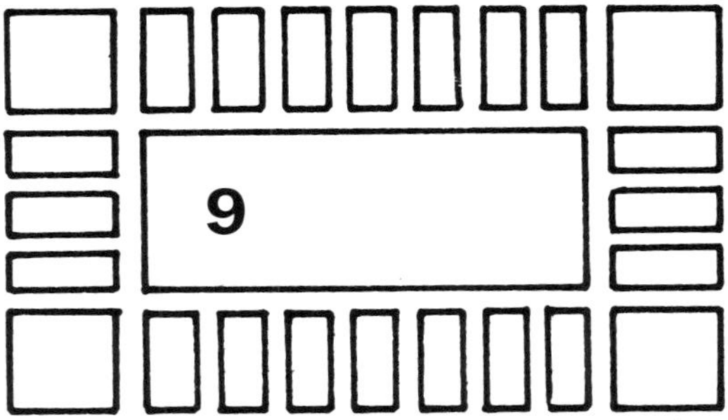

7

12

19

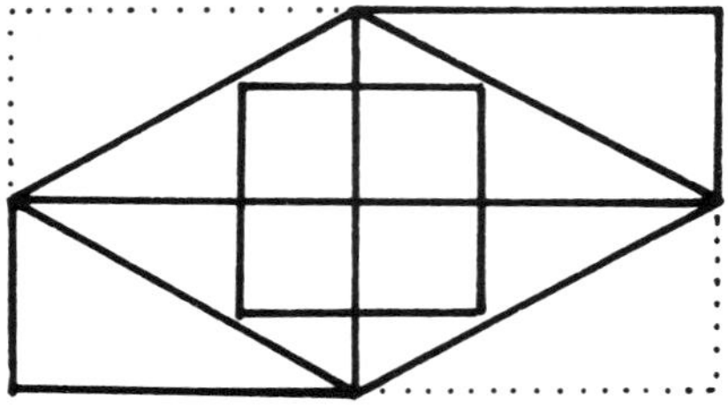

12

12

5

11a

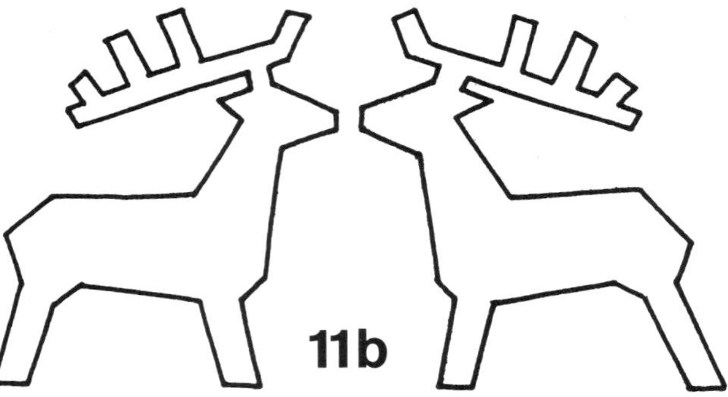

11b

12

13

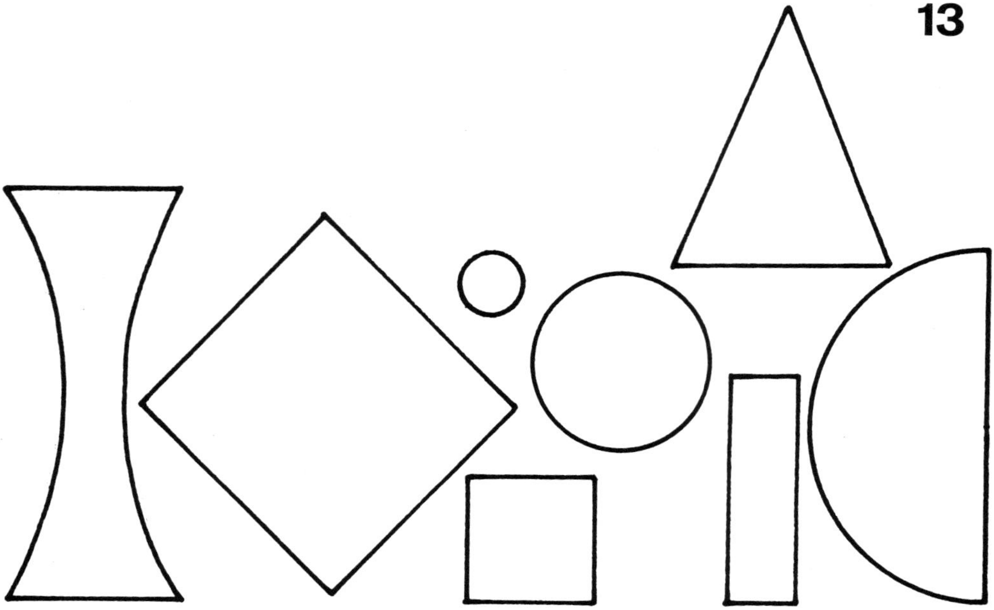

13

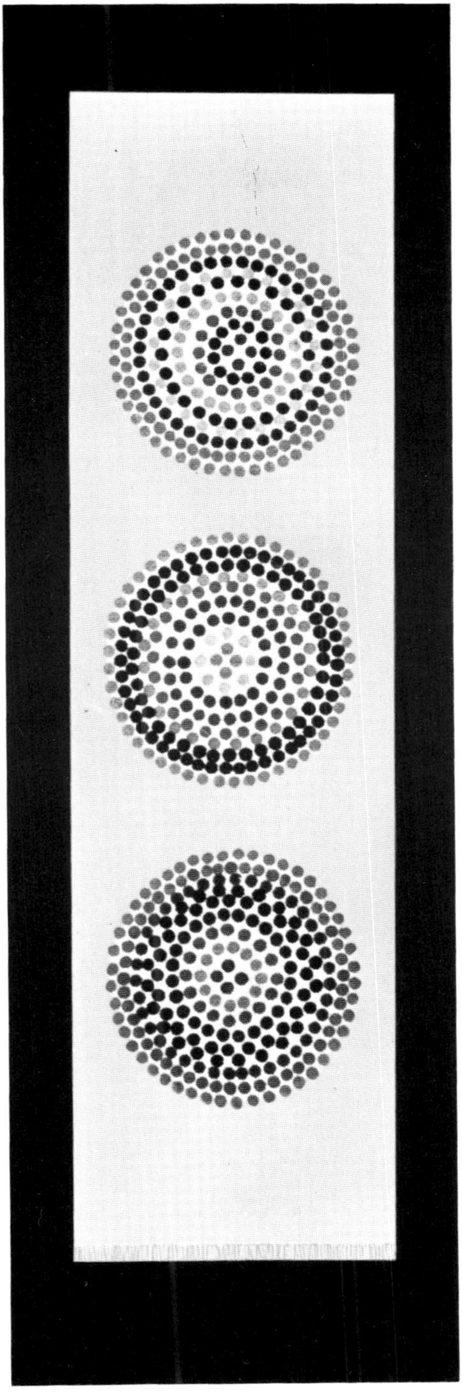

20

Zu 13 Die simpelsten Formen, ohne viel Nachdenken auf eine Fläche verteilt, ergeben eine dekorative Wirkung. Man könnte eine Buchhülle aus diesem Stück arbeiten.

Zu 14+15+16* Mit Demijohn-Korken läßt sich gut drucken. Der Vorteil: Die Stempel lassen sich aufbewahren. Aus dem Blütenstempel kann man eine lustige Wiese zaubern. Die Stengel malen, die Blätter kartoffeldrucken. Sieht reizend aus auf Kinderkleidchen, Kaffeewärmern, Schürzen, Küchenvorhängen.

Zu 17+18* Warum immer Stempel schneiden? Der Rand eines Olivenglases eignet sich auch. Die Kreise sind nachher ausgemalt.

Zu 19* Selbst einen alten Radiergummi kann man als Stempel schneiden — der sich jahrelang hält. Ein geometrisches Muster, aneinandergesetzt, ergibt hübsche Bordüren für Röcke, Blusen, feingestrickte Pullis, Schals oder einen Schlips für Vati.

Zu 20 Hier geht's rund. Mit dem Paketknebel nämlich. Damit die Kreise auch rund werden, eine Untertasse auflegen, herumdrucken, dann einen Marmeladenglasdeckel, ein Likörglas, es wird also von außen nach innen gearbeitet.

* siehe farbiges Bildblatt Seite 34

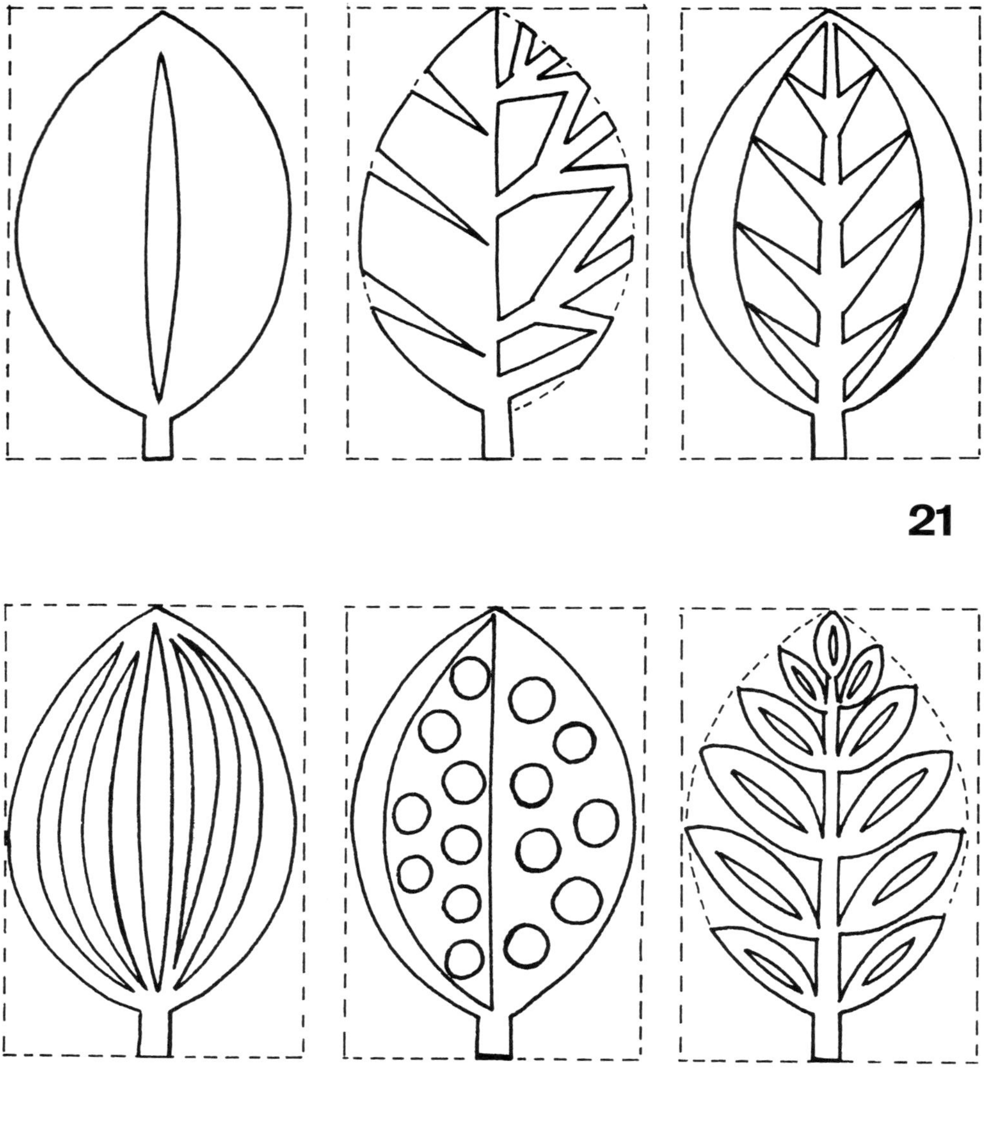

21

Zu 21 Wer noch nie einen Linolschnitt gemacht hat, sollte mit diesen sechs Blättern anfangen. Es sind einfache Formen, jede wird für sich gearbeitet. Es fängt sehr leicht an, nur die Blattform schneiden, mit dem kleinen V-förmigen Geißfuß eine Mittellinie ziehen. Von Form zu Form werden die Blätter immer ein wenig kunstvoller, unmerklich fast wird der Anfänger weitergeführt. Gelingt eine Blattform nicht, wird sie neu geschnitten — es sind ja nur kleine

21

Stücke, die nicht viel Arbeit machen. Aber man lernt, klare Konturen zu schneiden, Innenflächen auszuheben, spitze Winkel zu meistern.
Sind alle sechs Blätter fertig, hat man die nötige Vorübung für alle folgenden Schnitte. Schwieriger wird es nicht, es geht einem später nur leichter von der Hand.
Die fertigen Linolschnitte auf Holzstücke oder Sperrholz kleben, letzteres soll genau so groß sein wie die Linolplatte.

22

Zu 22 Das Mäandermuster ist streng, aber sehr effektvoll. Es eignet sich für Vorhänge und Kissen, aber auch für Decken, Strandtaschen, Kleider, Blusen, nicht aber für Kinderkleider.

22

23 + 24

23

Zu 23 + 24 Dieses klare Ornament ist wirkungsvoll auf Sets oder, mehrfarbig aneinandergesetzt, auf einer Couchtischdecke.

25 + 26

25 + 26

Zu 25 + 26

Fröhliche Ostern! Die lustig bunt bedruckte Decke mit prächtig verzierten Eiern und frechen Osterhasen ist die Überraschung am österlichen Frühstückstisch.

26

27

27

Zu 27 Das ist ein ganz echtes Ford-T-Modell, an dem auch der Fachmann nichts auszusetzen haben wird. Als Kissen verarbeitet, ein freudig begrüßtes Geschenk für Autonarren.

Zu 28 Wer für die See schwärmt, bekommt die Kutter-Flotte als Wandbehang oder auf ein Freizeithemd gedruckt. Das Steuerrad dient außerdem als i-Punkt auf einer Strandbluse.

28

28

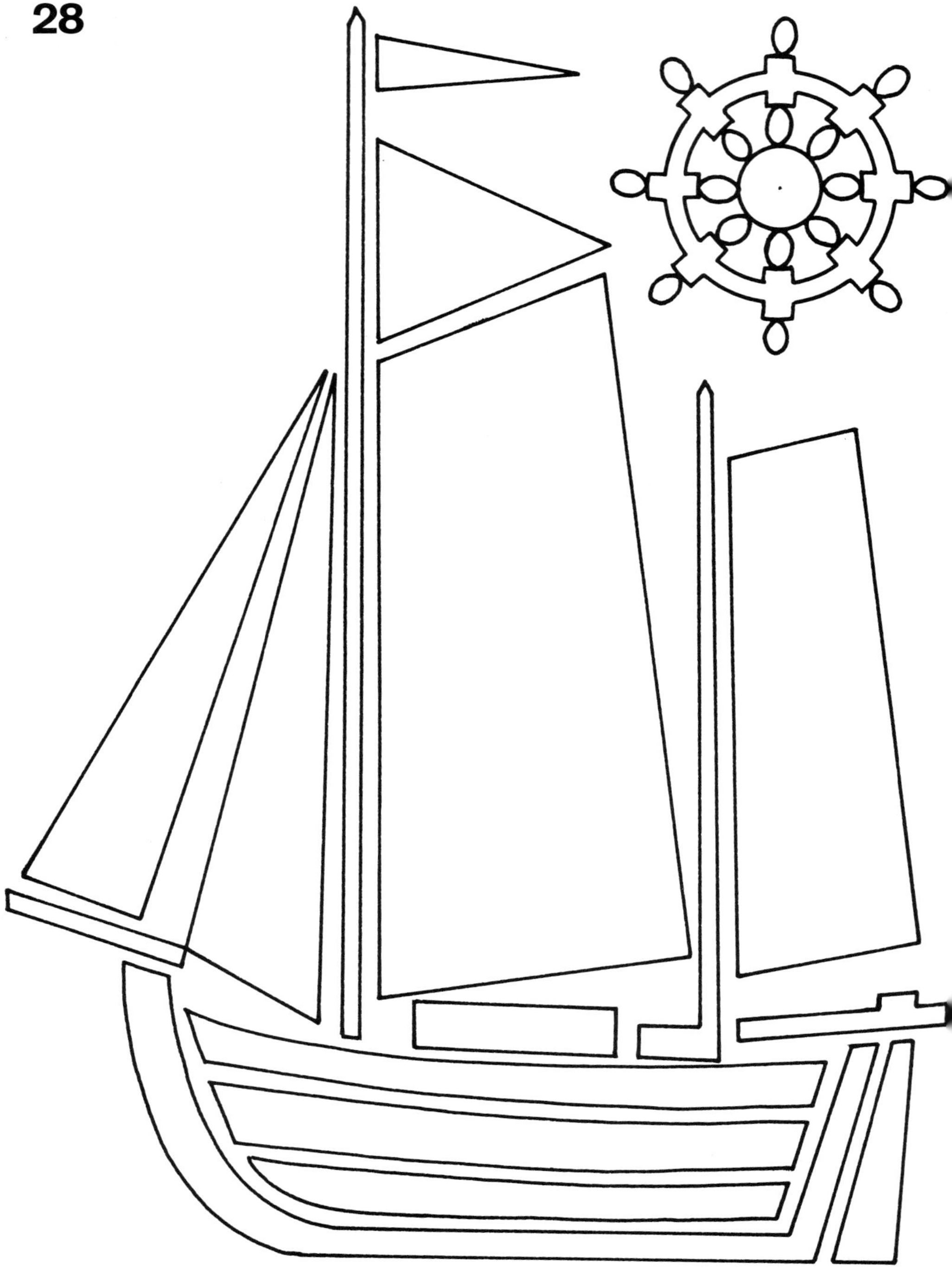

29

Zu 29 + 30 Kätzchen und Hunde — wer sagt da nicht „süß!“. Besonders süß sehen die Katzen- und die Hundemutter mit vielen Katzen- und Hundekindern auf Spielschürzen aus.

29

30

30

31 + 32

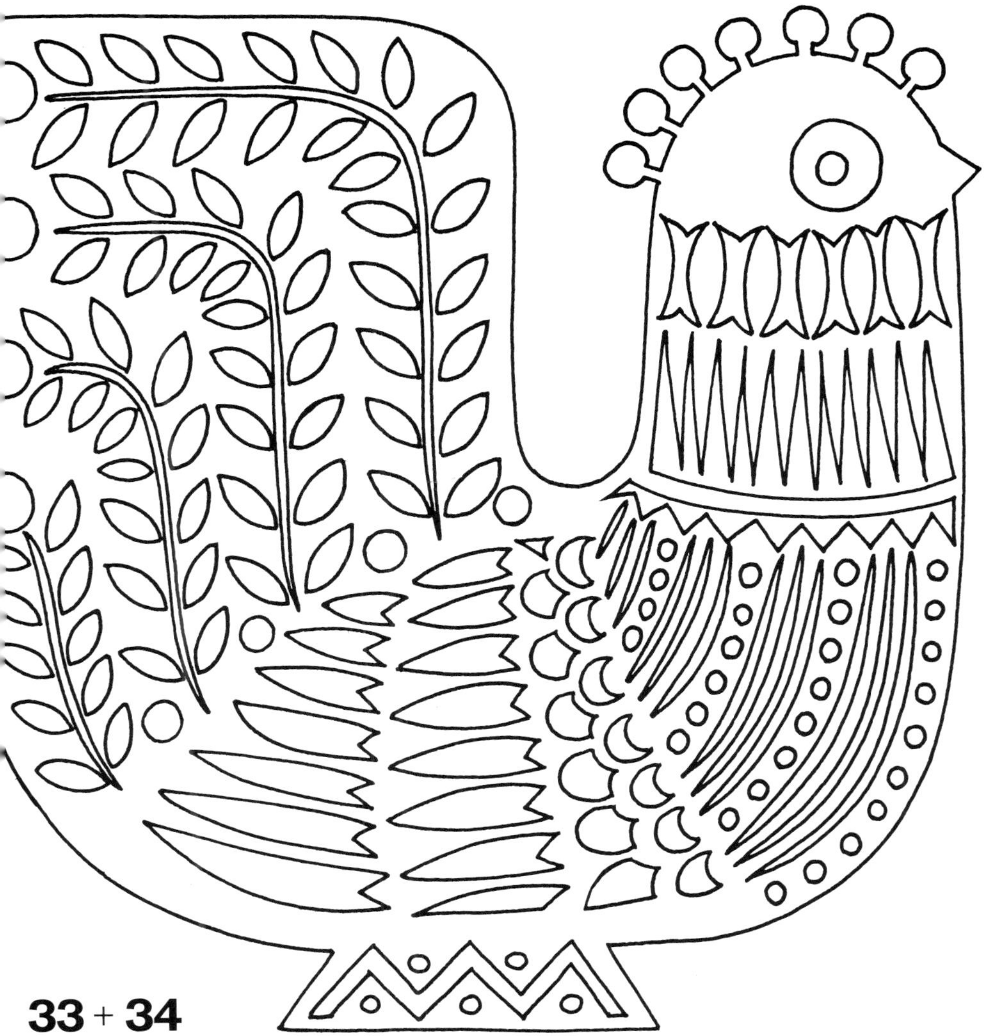

33 + 34

Zu 31 + 32 * Fische sind immer ein dankbares Motiv. Hier einmal einfarbig als Wandbehang und mit mehreren Farben ausgemalt für eine Strandbluse oder eine Tasche gedruckt.

Wer Vorhänge für das Ferienhaus braucht, druckt sie auf dekatierten Nessel als Bordüre oder als Flächenmuster.

Zu 33 * Ein skandinavisch inspiriertes Hühnchen, hübsch für Decken, reizvoll auf einem Sommerrock.

Zu 34 Noch einmal die Hühnchen, vierfach vereint und mit Stoffmalstiften bunt ausgemalt.

* siehe farbiges Bildblatt Seite 51 und 52

35

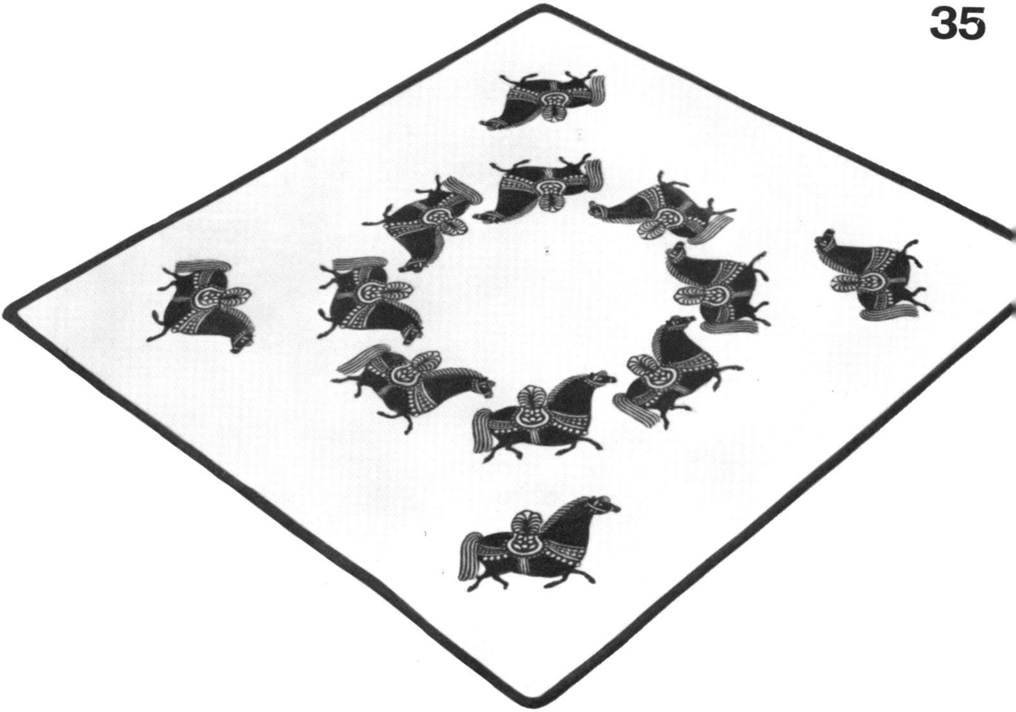

33 + 34

35

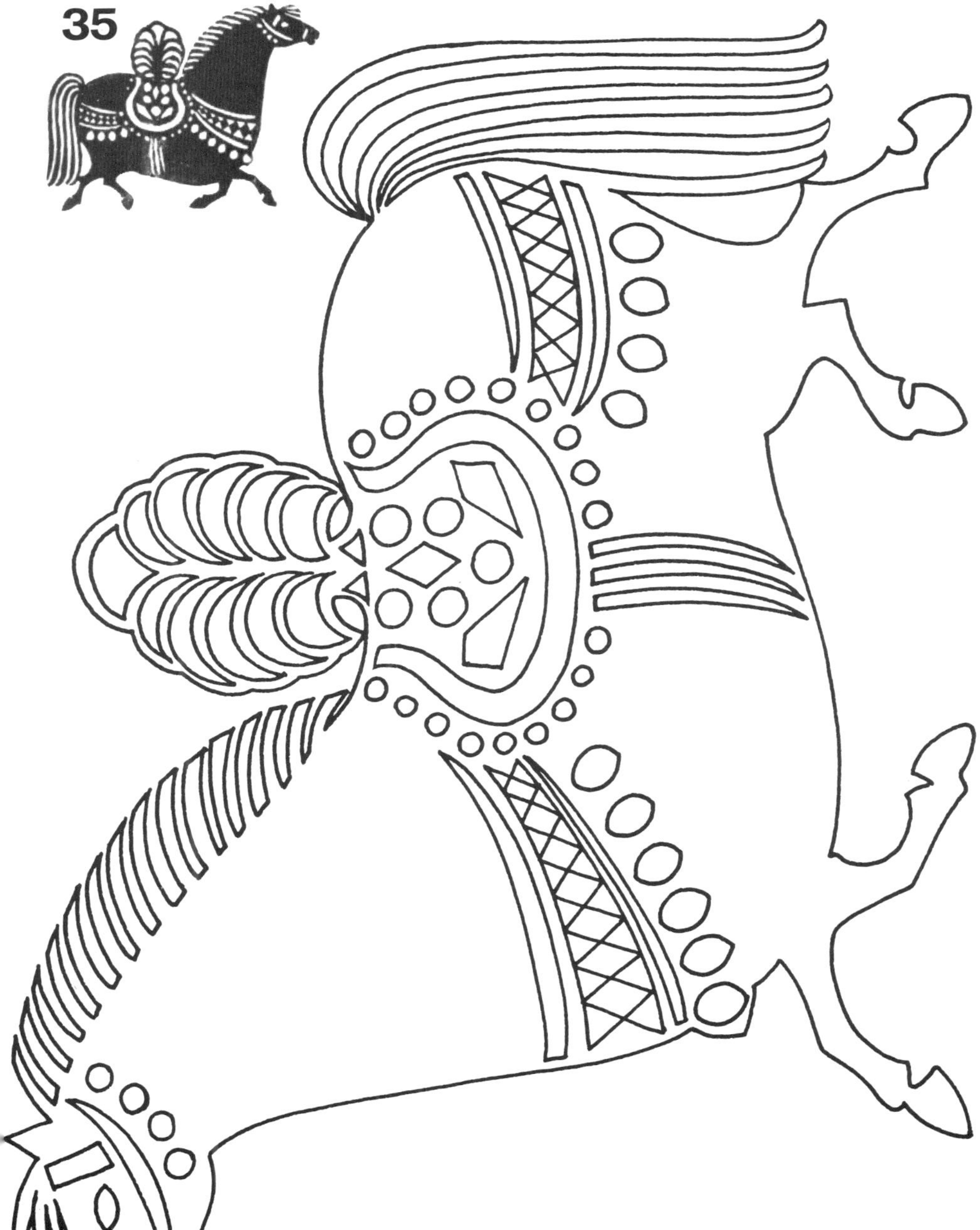

Zu 35 Prächtig aufgezäumte Zirkuspferde laufen auf dieser heiteren Gartentischdecke im Kreise. Hört man nicht die flotte Zirkusmusik dazu?

36

1. Teil

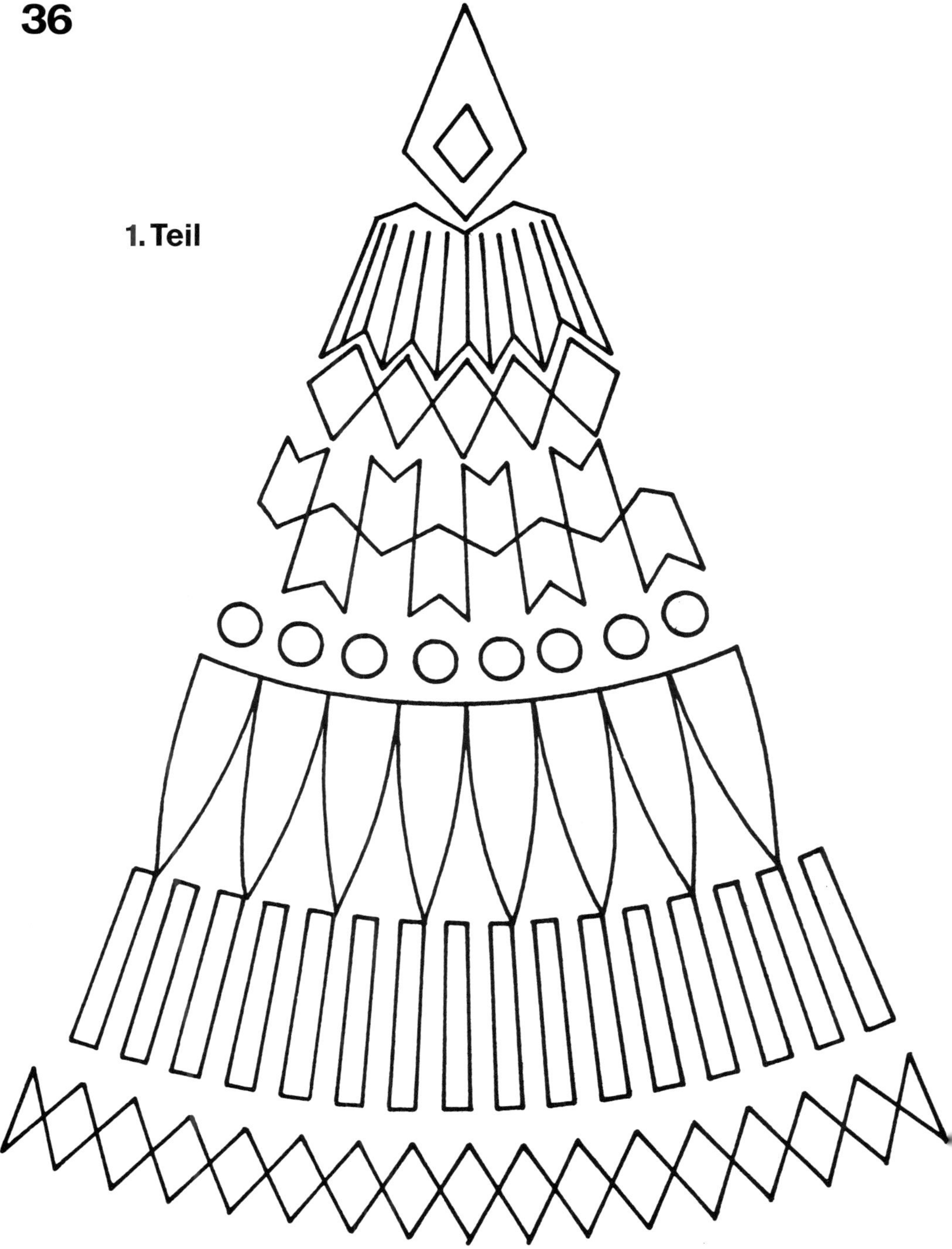

36

2. Teil

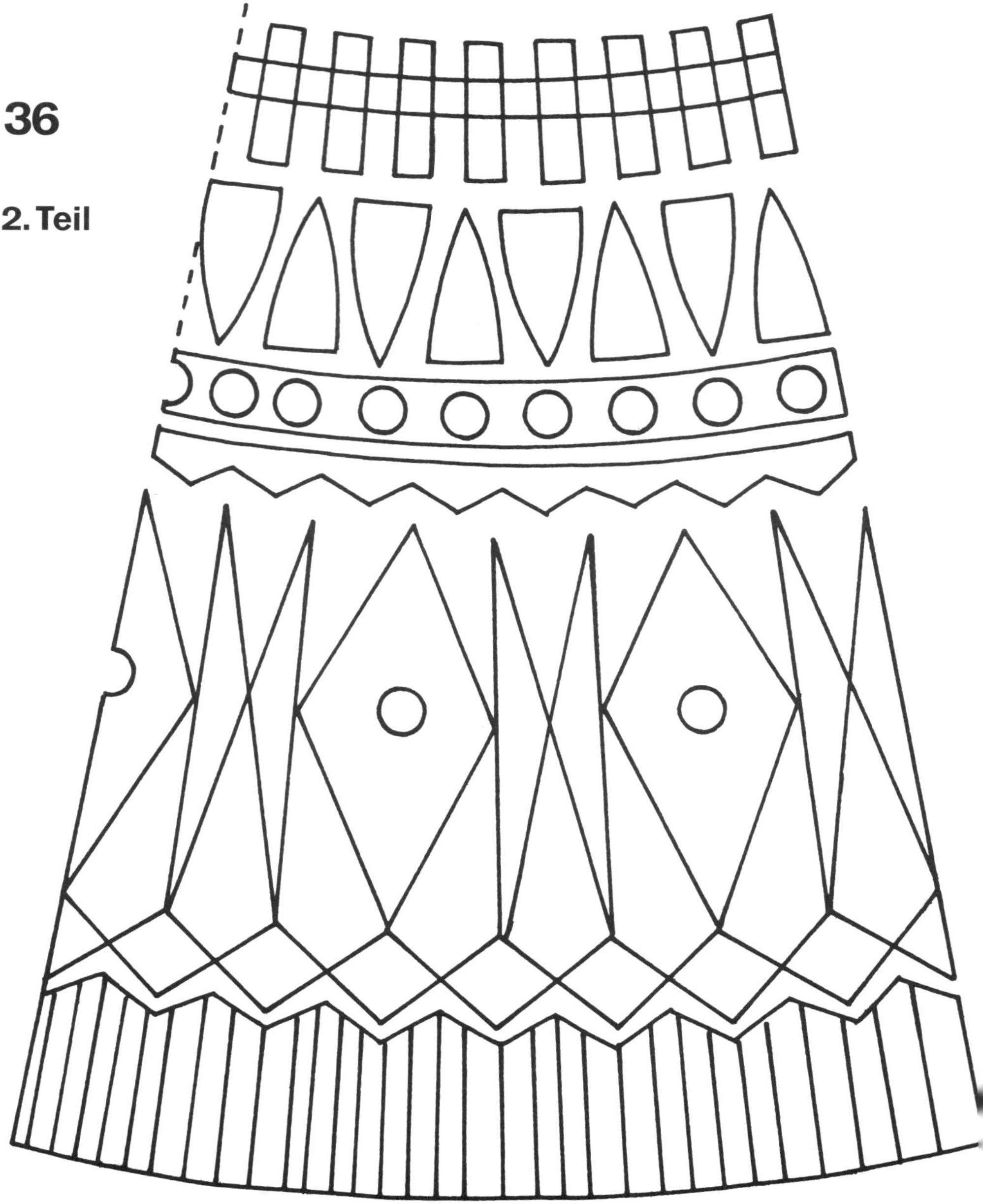

Zu 36 Diese Decke ist nur halb so schwer zu drucken, wie es aussieht. Der Entwurf ist halbiert gezeichnet, die größere Außenform muß doppelt gezeichnet werden. Wer das Foto genau ansieht, weiß sofort, wie die Zeichnung zusammengesetzt wird.

Bevor der Druck beginnt, den Stoff sorgfältig einrichten, damit die Passen stimmen.

37

37

Zu 37 Ein rundes Ornament, gedacht für ein rundes Kissen, zu Streifen, längs oder quer, auf ein Kleid, eine Bluse, eine Decke, zu drucken.

Zu 38 Noch ein rundes, diesmal einfacheres Ornament. Interessant: Positiv und negativ geschnitten. Die kleine Decke ist rot bedruckt und mit grünen Paketknebel-Punkten umrandet.

Z 39 Dieser repräsentable Wandbehang ist mit den zwei Linol-Druckstöcken gearbeitet, in den Farben: Dunkelrot, Hellrot, Dunkelblau, Hellblau. Nachdem die Druckfarben trocken waren, ist mit Stoffmalfarben ausgemalt. Der Wandbehang zeigt die Vielfalt der Möglichkeiten mit einem Motiv.

38 + 39 + 40

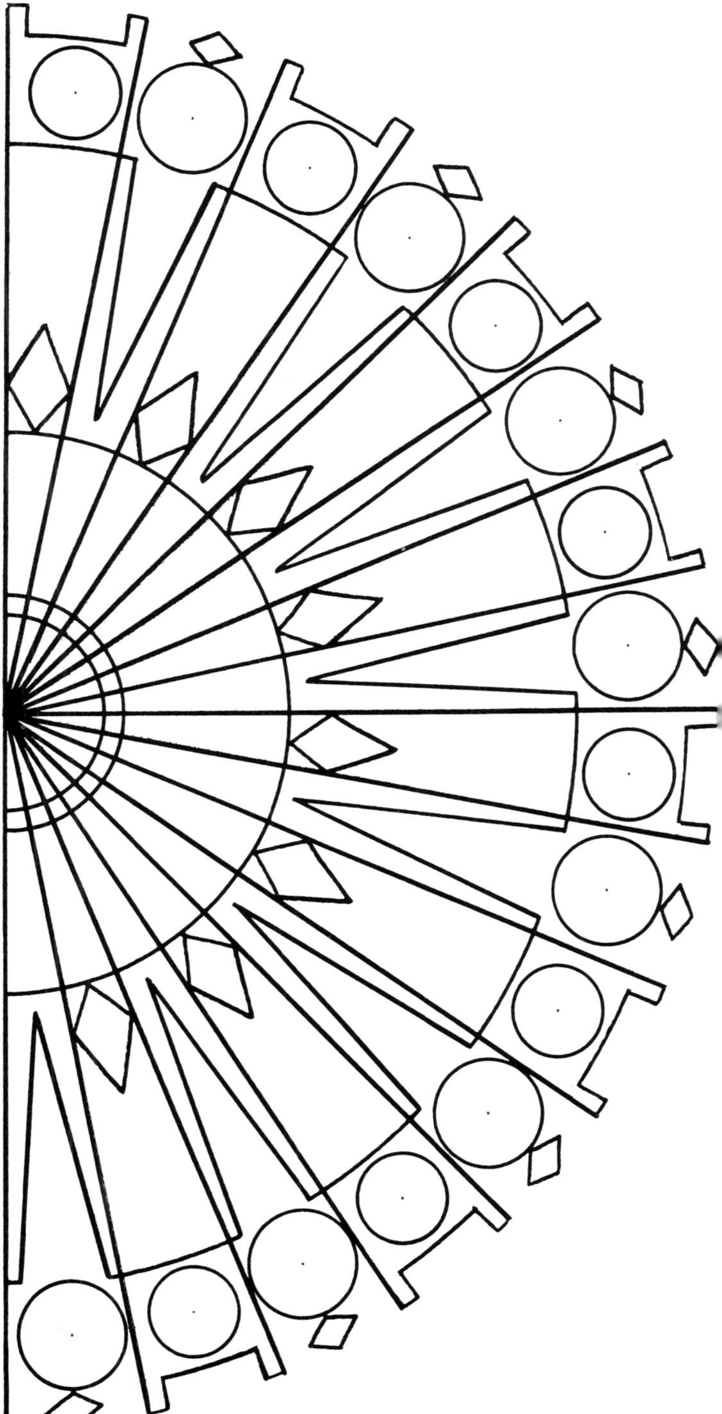

Zu 40 Hier noch eine Weihnachtsdecke mit dem runden Ornament. Es vereinen sich mehrere Techniken: Zuerst ist ein Stern aus Zeichenkarton geschnitten, mit Stecknadeln auf den Stoff geheftet und mit roter Stoffmalfarbe die Decke überspritzt. Als die Farbe trocken und der Stern abgehoben war und klar hervortrat, ist in die Mitte das Ornament gedruckt. Die kleinen Sterne sind aus Kartoffeln geschnitten und in Dunkelblau und Hellblau gedruckt. Weil eine zylindrische Kinder-Glasperle gerade in den Weg rollte, wurde sie auf ein Pinselende gespießt und zum Drucken von kleinen Kreisen benutzt, und weil das Deckchen noch prächtiger werden sollte, ist das Ornament ausgemalt und das Ganze mit vielen Punkten verziert.

41

40

41

Zu 41 Wo fehlt eine Weihnachtsdecke? Der Engel ist ein festliches Motiv, das sich als Bordüre um den Rand einer Decke, als Kreis in der Mitte einer Decke, als Zierde der Ecken eines Tischläufers, auf Sets oder als Wandbehang verwenden läßt. Die Sterne auf der gezeigten Decke sind aus Kartoffeln geschnitten.

42

Zu 42 Wer keine Engel möchte, schneidet den Weihnachtsstern in Linol, druckt ihn auf Decken und Deckchen und schenkt ihn lieben Menschen zum Fest.

4[illegible]

43

43

43

43

Zu 43 Die Gräser und Wiesenblumen sind etwas für Naturliebhaber. Man kann sie positiv oder negativ schneiden. Man kann die Pflanzen aber auch abzeichnen und nebeneinander setzen, dann muß man sie positiv schneiden, damit sie freistehend als dunkle Formen erscheinen.

44

Zu 44 Motive finden sich überall; es müssen nicht nur eigene oder welche aus diesem Buch sein. Es gibt zum Beispiel wunderschöne chinesische Scherenschnitte, die man in Büchern oder Kunstzeitschriften entdecken, abzeichnen und in Linol schneiden kann. Sind sie zu klein, vergrößert man sie mit Hilfe von Millimeterpapier.

Dieser ist ein sehr alter chinesischer Scherenschnitt, der auch als Streifen gut wirkt.

44

44

45

* siehe farbiges Bildblatt Seite 69

46 + 47

46 + 47

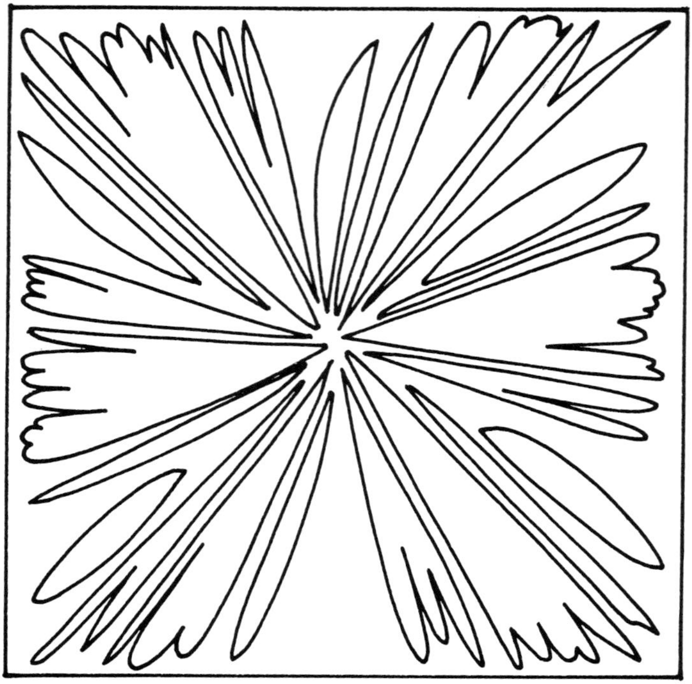

46 + 47

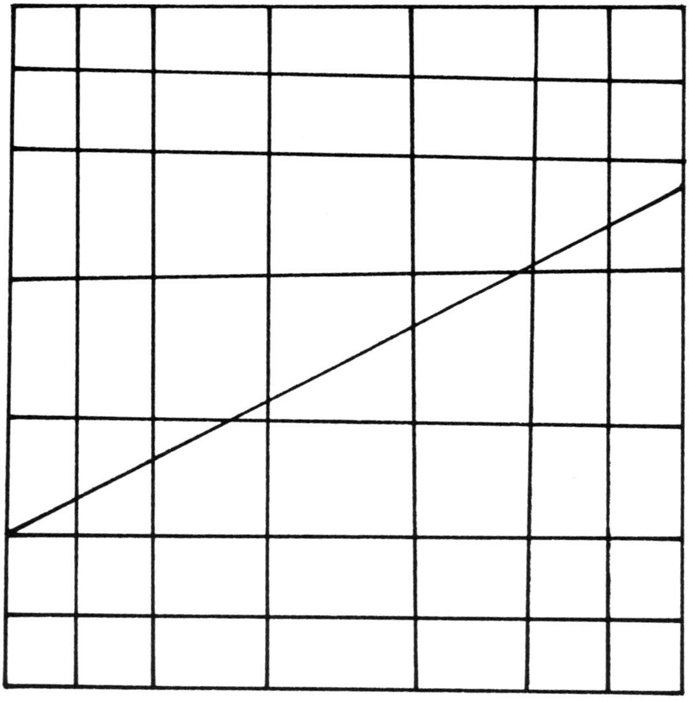

46 + 47

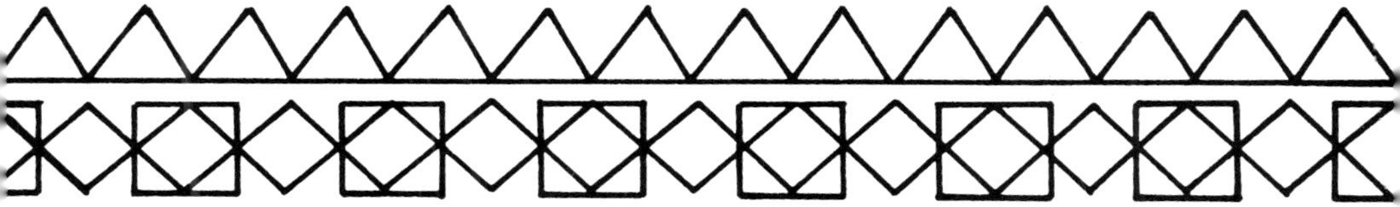

48

49

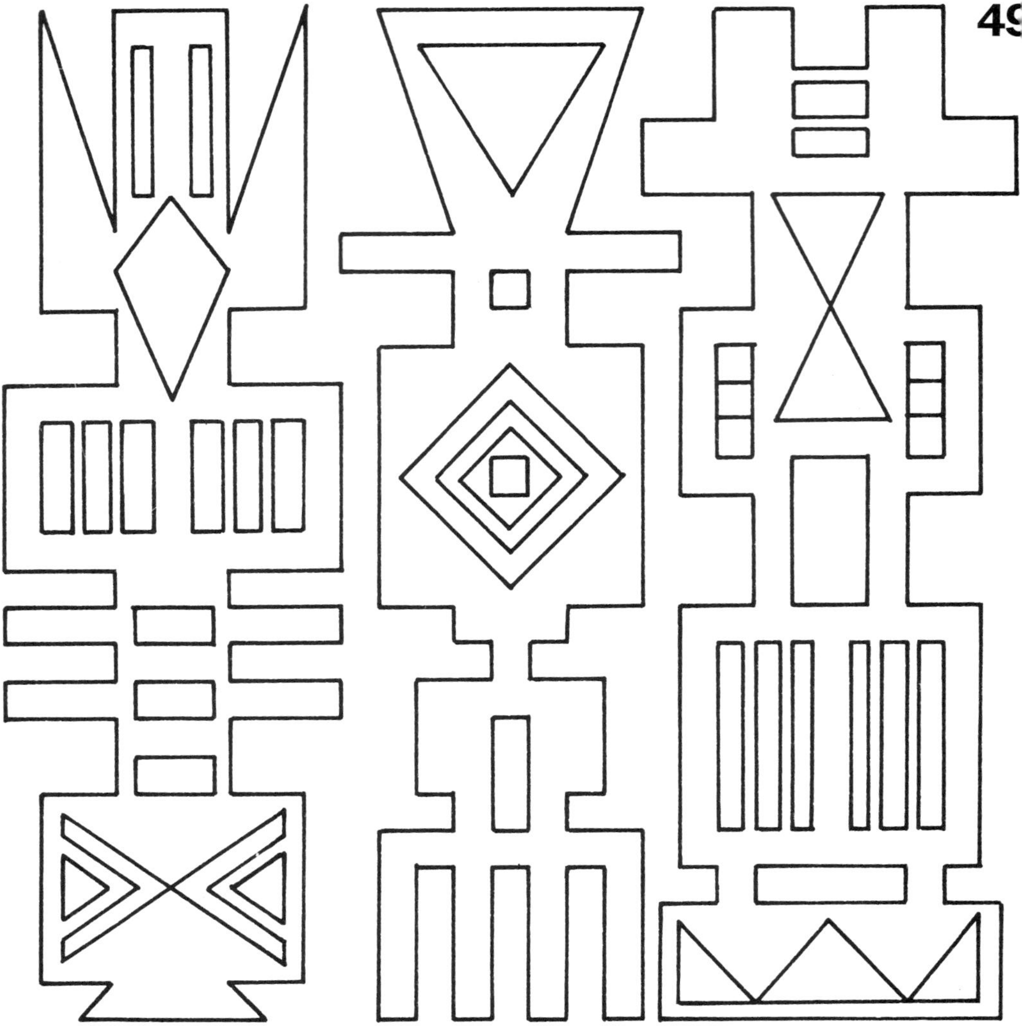

Zu 45* Diese beiden heißen Trinchen und Hinnerk. Entstanden sind sie, um Freunden zur Hauseinweihung eine Freude zu bereiten. Trinchen bringt Brot und Wein - was braucht man mehr - Hinnerk einen großen Fisch - der bedeutet Glück.
Gedruckt sind sie in Rot und Blau.

* siehe farbiges Bildblatt Seite 69

Zu 46+47 Die Polynesier bedrucken oder bemalen seit Urzeiten Rindenstoffe, die „Tapa" genannt werden, mit gradlinigen, schwarzen, weißen oder rotbraunen Mustern.
Dieser Entwurf, einmal schwarz auf rot, einmal schwarz auf weiß mit vier Druckstöcken gedruckt, ist von Tapa-Mustern angeregt. Das schwarz-weiße Stück ist ein Kopftuch aus reiner Seide.

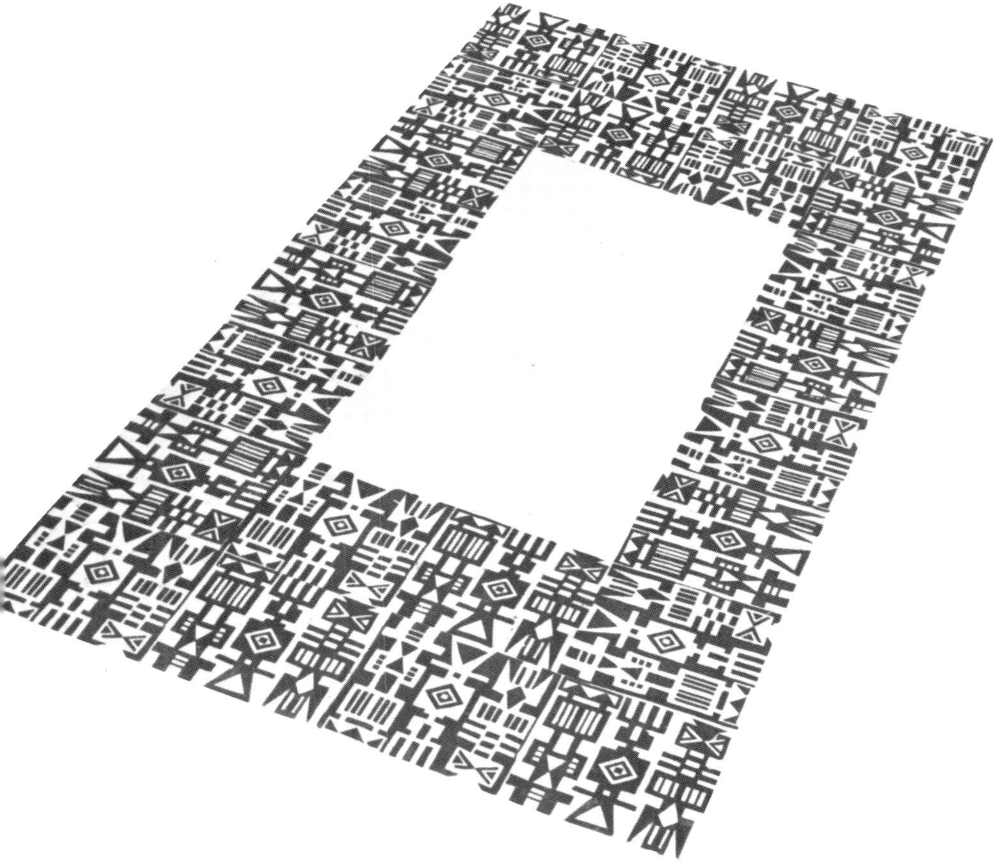

49

Zu 48* Bordüren lassen sich auch mit einem Druckstock arbeiten. Es hat den Vorteil, den Druckvorgang nur ein- oder zweimal ausführen zu müssen und den weiteren, daß das Muster „sitzt". Dieser Stempel läßt sich über- und nebeneinander setzen. Die Abbildung ist eine festliche Stola aus Azetatseide. Sehr apart ist dieses Muster auch für ein Kleid.

Zu 49 Ein Entwurf, versetzt positiv und negativ auf ein Linolstück geschnitten, im Rapport blau gedruckt, ergibt diese schöne Decke. Rotes Keramikgeschirr macht sich darauf sehr wirkungsvoll.

* siehe farbiges Bildblatt Seite 70

Zu 50 Drei Tulpen, stark stilisiert, in Rot, Blau und Gelb schabloniert, auf rotkarierten Stoff gesetzt, erfreuen durch ihre bäuerliche Frische. Hübsch für Gartentischdecke, Kaffeewärmer, Schürze und Wäschebeutel.

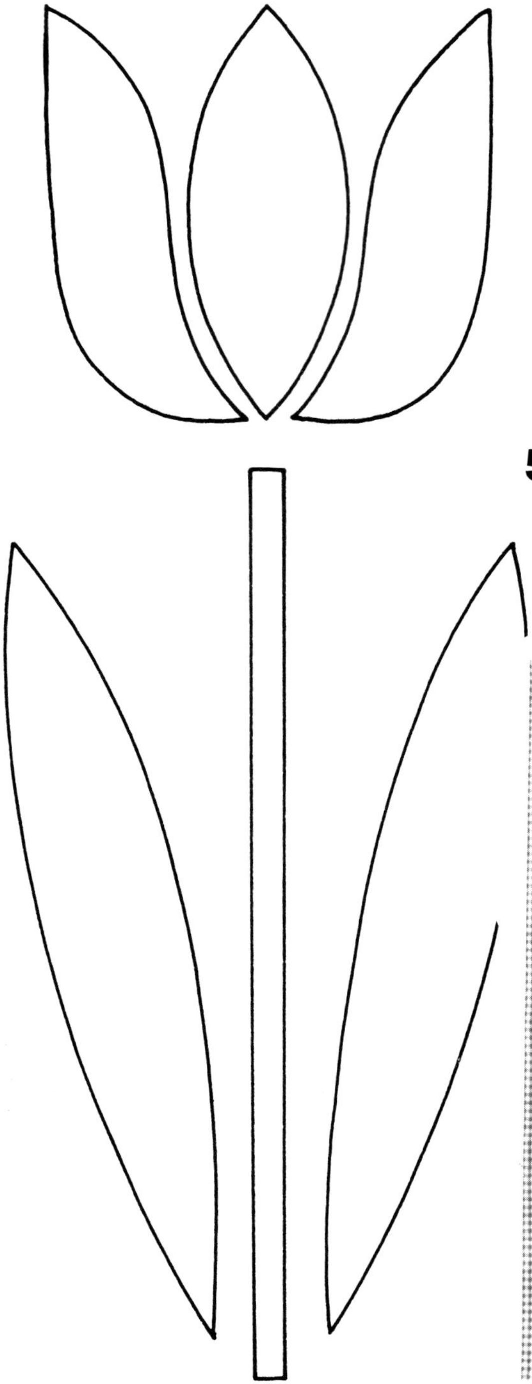

50

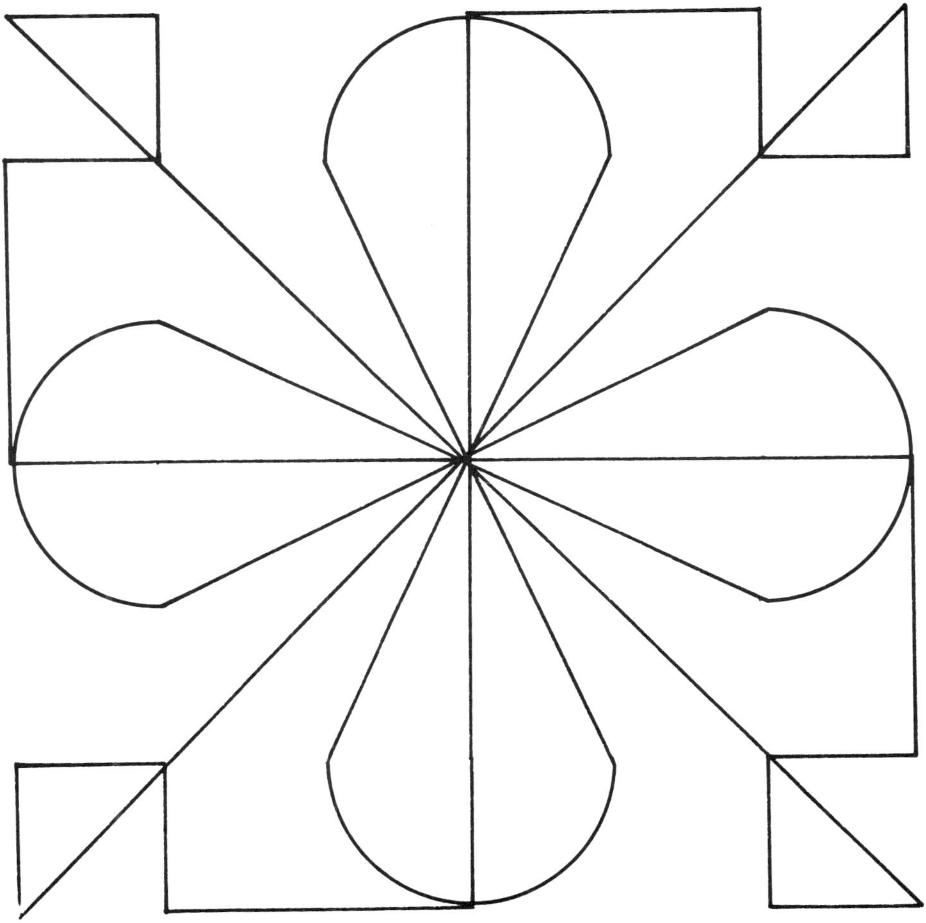

51

* siehe farbiges Bildblatt Seite 87

Zu 51* Eine anspruchsvolle Decke, zweifarbig schabloniert. Ist eine Schablone weich geworden, so daß die Ränder sich wellen, eine neue schneiden.

52

Zu 52 Hier ist ein chinesischer Scherenschnitt aus festem Karton auf eine Tablettdecke schabloniert. Das Muster wird älteren Damen gefallen.

53

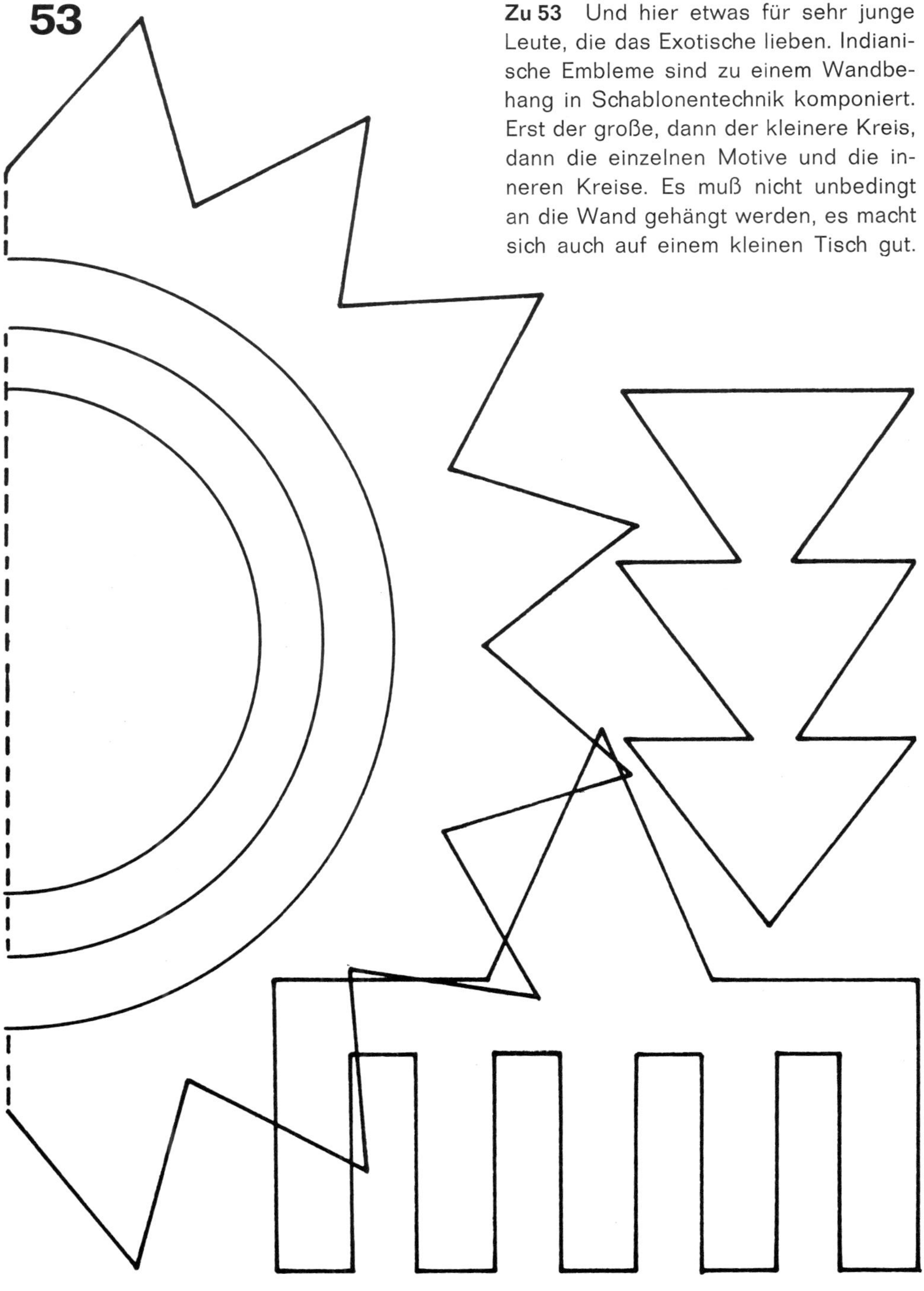

Zu 53 Und hier etwas für sehr junge Leute, die das Exotische lieben. Indianische Embleme sind zu einem Wandbehang in Schablonentechnik komponiert. Erst der große, dann der kleinere Kreis, dann die einzelnen Motive und die inneren Kreise. Es muß nicht unbedingt an die Wand gehängt werden, es macht sich auch auf einem kleinen Tisch gut.

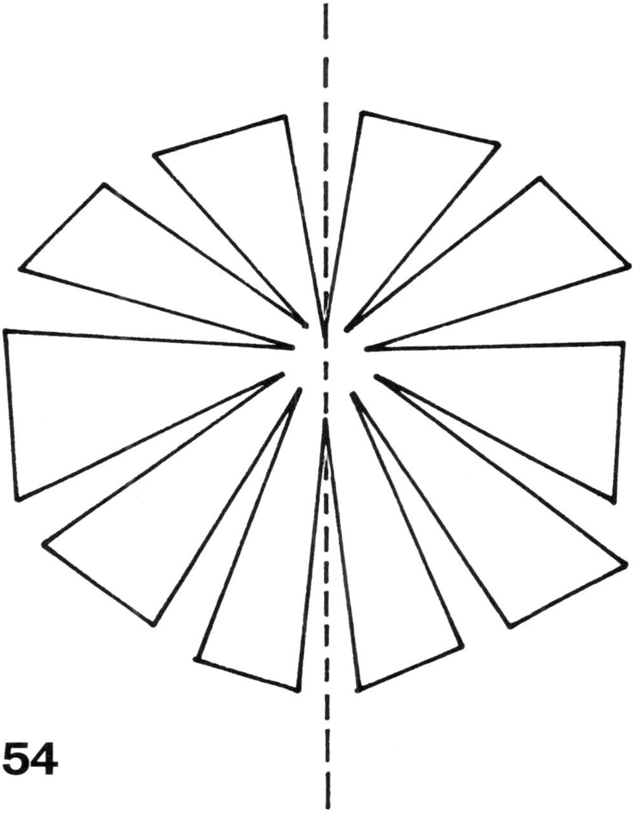

54

Zu 54 Ein Muster in Reliefmalerei, auf die Naht zweier verschiedenfarbiger Stoffe projiziert. Es eignet sich für Kaffeewärmer oder für ein Kinderkleid, das zu kurz wurde und ein Stück anderen Stoff angesetzt bekam. Mit der Reliefmalerei sieht das Kleid wie neu aus.

54

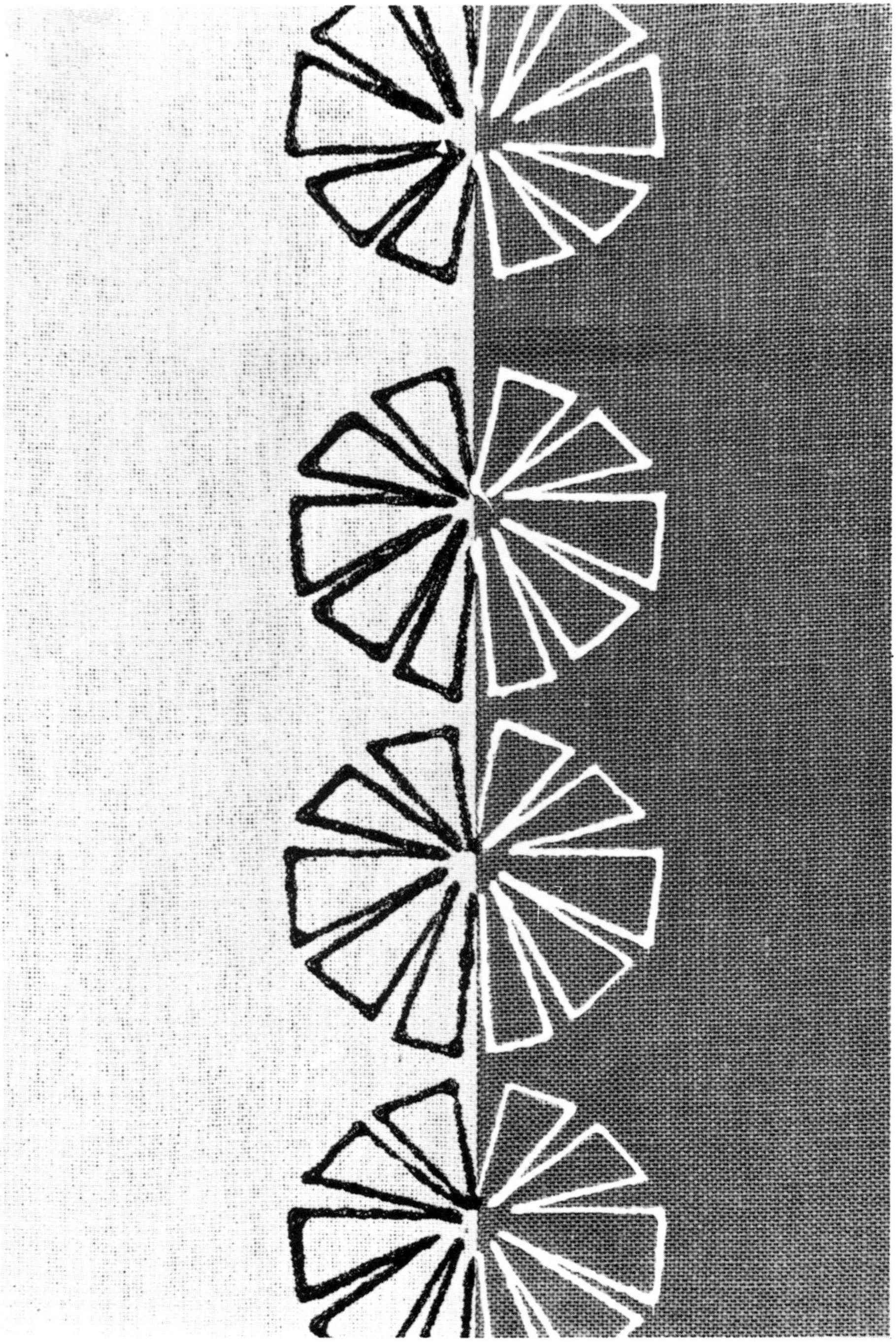

55

Zu 55 Ein Baum im Frühling, Sommer, Herbst und Winter auf einem Glockenzug. Der Stamm und die Äste sind aufgepaust und ausgemalt. Die Blüten, Blätter, Früchte und Schneeflocken werden freihand gemalt.

56

56

Zu 56 Wer das Obst moderner serviert haben möchte, malt den stilisierten Baum und Blätter, Birnen, Äpfel und Pflaumen dazu und legt den fertigen Läufer auf die Anrichte.

57

Zu 57 Der Hahn hat es in sich. Einmal prangt er auf der Schürzentasche, in klaren Farben sind die aufgepausten Linien ausgemalt. Nun das Kikeriki (um nicht zu sagen — der „Pfiff") des Hahnes: Auf das Gemalte kann man noch die auf dem Entwurf gezeichneten Linien mit dünnem Pinsel malen. Man kann den Hahn auch einmal von rechts und von links aufpausen und ausmalen — gleich beginnt ein Hahnenkampf.

57

Man kann den Hahn auch in Linol schneiden und drucken.

58

59

Zu 58 Ein zarter Blumenstrauß, gemalt mit Stoffmalstiften, etwas blaß, aber dauerhaft. Um den Strauß so rund zu bekommen, ist ein Teller aufgelegt und mit Bleistiftstrichen dünn markiert. Blumen malen kann jeder, darum hierzu kein Entwurf zum Abpausen. Weil naturgetreu gemalte Blumen meistens greulich werden, sollte man die einfachsten Formen wählen.

59

59

Zu 59 Jetzt wird es afrikanisch. Die bunten, gemalten Muster auf der Strandbluse sind angeregt von den Vierzierungen auf den Schildern kriegerischer Negerstämme Innerafrikas — gesehen im Völkerkundemuseum (dort gibt es unerschöpflich Anregungen).

Nicht weil die eigene Phantasie ausging, sind diese Ornamente entstanden, sondern weil das weite Feld der Möglichkeiten gezeigt werden sollte.
Wer nicht den Mut hat, etwas so Auffälliges zu tragen, kann die Formen als Wandbehang malen.

59

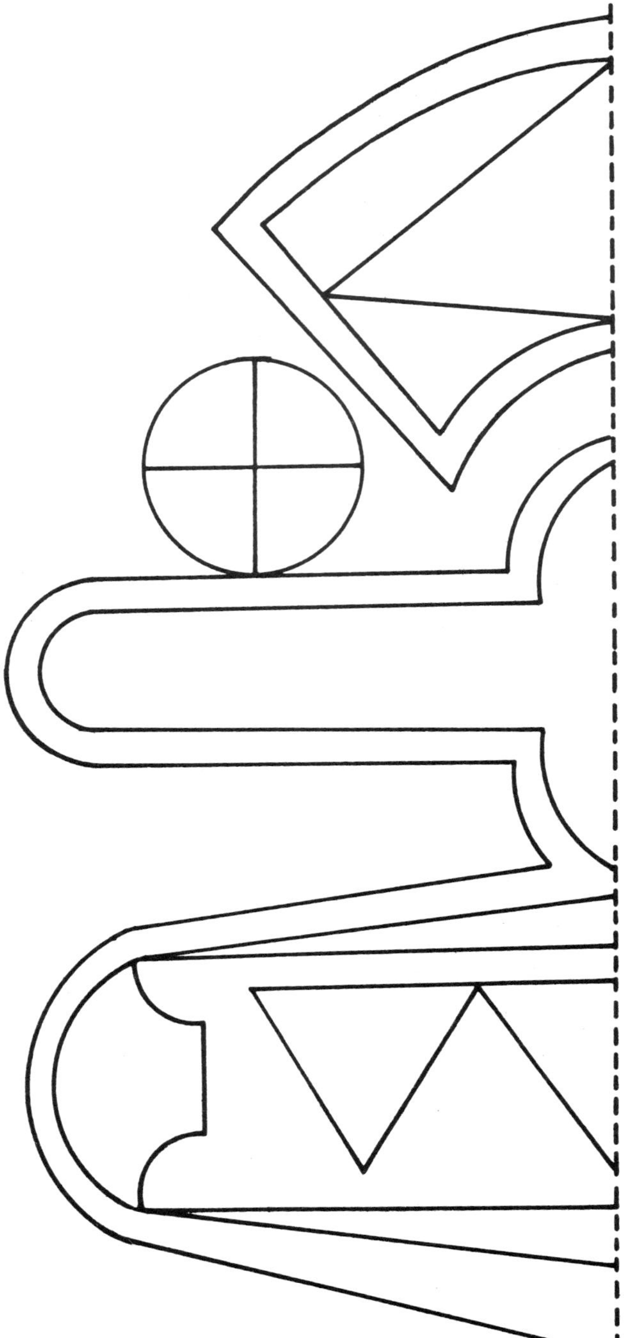

60

Zu 60 * Urgroßmamas Glockenzug wird wieder modern. Zwar zwecklos, keine Minna kommt auf sein Ziehen aus der Küche geeilt, weil dort eine Glocke anschlägt, aber dekorativ. Die niedlichen Vögel, aufgepaust und aufgemalt, erfüllen diesen Zweck bestimmt.

siehe farbiges Bildblatt Seite 69

61

Zu 61 Und nun ein Prachtstück von Wandbehang. Dazu gibt es keine Vorlage. Wer soviel kann, kann auch selbst entwerfen oder nachzeichnen. Die Malerei auf weißem Stoff wurde auf dunkelblaues Leinen genäht.

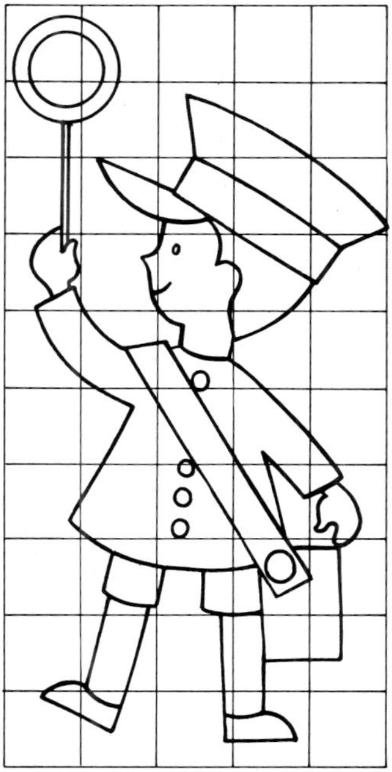

Zu 62 * Zum Schluß ein Wandbehang für das Kinderzimmer.
Die fünfzehn spielenden Kinder müssen von den Vorlagen auf Zwei-Zentimeter-Karrees übertragen, aufgepaust und so bunt wie möglich ausgemalt werden. Für die Punktumrandung muß zu guter Letzt noch einmal der Paketknebel dienen.

* siehe farbiges Bildblatt Seite 88

Bauernmalerei
eine Einführung

TOPP

Ursula Kühnemann
Entwurfs-
Mappe
Bauernmalerei

Ursula Kühnemann
Glasbemalen

Entwürfe
für das
von Ursula Kühnemann
Glasbemalen

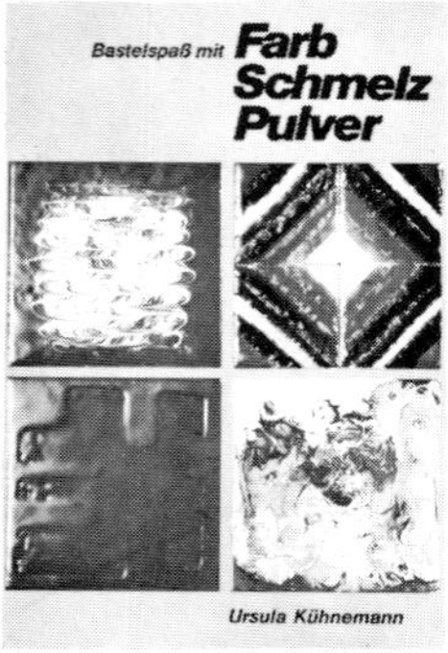
Bastelspaß mit Farb
Schmelz
Pulver
Ursula Kühnemann

Ursula Kühnemann
Beschichtungsharz
der Kunststoff mit Glas- und Email-Effekt

schmelzgranulat
Ursula Kühnemann
hobby

Ursula Kühnemann
Modellieren
ohne Ton
ohne Hitze

lauter liebe
PUPPEN
Ursula Kühnemann

Ursula Kühnemann
Nie mehr
Langeweile
150 Tips für
Regentage
Spiele und Basteleien
für Jungen und Mädchen von 8-12 Jahren

Ursula Kühnemann
Kinder Geburtstag
mit viel Spaß